距离

D·I·S·T·A·N·

漫画

周琳墨◎编

大漫工坊◎绘

山西出版传媒集团 山西人民出版社

图书在版编目（CIP）数据

距离 / 周琳墨编 ； 大漫工坊绘． -- 太原 ： 山西人民出版社， 2024．8． -- ISBN 978-7-203-13521-0

Ⅰ．C912.11-49

中国国家版本馆 CIP 数据核字第 2024SJ6490 号

距离

编　　者：周琳墨
绘　　者：大漫工坊
责任编辑：徐　琼
复　　审：魏美荣
终　　审：梁晋华
装帧设计：言　诺

出 版 者：山西出版传媒集团·山西人民出版社
地　　址：太原市建设南路21号
邮　　编：030012
发行营销：0351－4922220　4955996　4956039　4922127（传真）
天猫官网：https://sxrmcbs.tmall.com　电话：0351－4922159
E－mail：sxskcb@163.com　发行部
　　　　 sxskcb@126.com　总编室
网　　址：www.sxskcb.com

经 销 者：山西出版传媒集团·山西人民出版社
承 印 厂：三河市同力彩印有限公司

开　　本：710mm×1000mm　1/16
印　　张：9
字　　数：150千字
版　　次：2024年8月　第1版
印　　次：2024年8月　第1次印刷
书　　号：ISBN 978-7-203-13521-0
定　　价：49.80元

前言

从文森特、提奥和高更说起

文森特·凡·高（Vincent Willem van Gogh，1853～1890），提奥·凡·高（Theo van Gogh，1857～1891），没错，他们是两兄弟。哥哥就是那位大名鼎鼎的爱画肖像和向日葵的法国画家凡·高。从出生到去世，在他们相处的满打满算的30年时间里，居然留下了600多封信件，兄弟情谊之深厚可见一斑。

凡·高色弱，却选择了绘画；他孤独、木讷，但几乎每一幅画作都流露出难以抑制的热烈；他为了作画不眠不休，一生（其实是27～37岁）留下2000多幅画作，而他活着的时候却只卖掉了一幅……凡·高狂热而潦倒，供养他的生活、供养他痴爱的艺术、慰藉他的精神、和他分享一切的一直都是提奥，提奥连自己儿子的名字都沿用了“文森特”。他们相互了解、依赖、欣赏，也有过摩擦。有人说：如果文森特笔下的向日葵画的是他自己，那么，提奥就是这些向日葵生长所需的阳光、空气、土壤和水。没有提奥，就没有文森特·凡·高。

保罗·高更（Paul Gauguin，1848～1903），就是那位画了《我们从何处来？我们是谁？我们向何处去？》的法国后印象派画家、雕塑家。凡·高视他为挚友和导师，邀他前往阿尔勒与自己同住，让提奥资助当时落魄的他，甚至亲自为他布置房间……他们互换自画像，相交甚欢。然而，高更并没有像凡·高认为的那样认同凡·高——高更去阿尔勒前在给前妻的信里说，只打算在那里“和另一个画家住约6个月，那人为我提供食宿，条件是用我的画交换”——仅仅同住62天后，他们这段肯定算不上双向奔赴的友情便以高更的离开而结束。凡·高后来给高更写了不少信，高更都没有回。一点儿也不意外！

失恋、提奥结婚、高更离开、作品不被接纳……孤独和挫败击垮了凡·高。凡·高死后，提奥本就虚弱的身体遭受了毁灭性的打击，6个月后，他也离开了人世。后来，提奥的妻子将提奥的墓迁到了凡·高墓的旁边。提奥和凡·高，从此永不分离了。

一份深厚的情谊能带给人多少慰藉我们无法量化，但毫无疑问，它是我们生活中的阳光、雨露和养分。

当然，生活通常也像凡·高的画作那样，平静、热烈、灿烂和孤独、不安、冲突同时存在着，美好的亲情本该打虎亲兄弟上阵父子兵、母慈子孝、兄友弟恭、伉俪情深、海誓山盟、不分彼此……，却常会变成兄弟阋墙、劳燕分飞、亲子反目、恩断义绝、割袍断义……这样的变化经常在不知不觉间发生，爆发得猝不及防，令我们伤心欲绝却挽回不易。

发生不幸的原因各有不同，或许有时连解决的方式都没有，但避免发生还是有些办法的，而且很多。有些朋友也许会说“我就是我，有缘则聚，‘经营’这事太累，与我无关”。有个性，洒脱，自是没错，但实话实说，面对曾经情深义重的亲人、爱人、朋友，真正能轻轻“拿起”又轻轻“放下”的，能有几人呢？

通往幸福的路总是显得很漫长，在这条路上，我们常常走得异常辛苦，结果却不如人意。那，有没有一条近路呢？一定有，而且，不止一条，“保持恰适的距离”或许就是其中较优的那个选择。

人生经验各有不同，而且，永远不足，因此本书里的内容难免有（不同的人认为不同的）偏颇、不足、差误……还望读者朋友们见谅。

目录

第一章 万物有隙

叔本华的刺猬……003

过分凉薄，亲人也会变路人……010

“乍交之欢”与“久处之厌”……017

距离？深度？其他？……022

一杯水的距离——人际关系的“舒适圈”……027

不即不离，社交的“最高智慧”……031

第二章　距离，让友情更长久

友情是个啥？……………………………………037

谁是你的Soulmate？……………………………………041

被“憋死”的友谊……………………………………046

容易被误解的友谊……………………………………049

肝胆相照的友情……………………………………055

第三章 距离，亲人间的纽带

界限，亲情关系的“防腐剂”……061

亲情不是越界的“挡箭牌”……071

我与Ta们……080

第四章 距离，爱情的“保鲜剂”

爱情也会因为距离而“腐败”“变质”……089

爱情也需要距离……094

“保鲜剂”使用指南……099

第五章　拿捏距离，轻松炼成社交达人

工具型人际关系与“工具人”……109

生活所迫，被迫社交？……114

帮你炼成“社交达人”的N个BUFF……120

第一章

万物有隙

你相信有“亲密无间”的关系吗?

不管你信不信，答案都是否定的：没有！因为这压根儿就不科学！在两个独立的物体之间，距离即便再小，也是存在的，更别说是两个活生生的人之间了，不仅有物理距离，还有心理距离呢。所以说，追求“亲密无间”的关系，无异于作茧自缚。

话虽这么说，但现实很“骨感”，鲜少有人在这方面不“踩雷”，“怨憎会”与“求不得”往往也会在人追求“亲密无间”的关系中如影随形。

《圆觉经》中的“不即不离，无缚无束”运用到生活中，又何尝不是相处之道的巅峰境界呢——不必强求，也不必刻意摆脱，处之随缘，才能免被束缚。这其中的“随缘”或可理解为保持恰当的距离（边界感），不强求、不逾越。

有“隙”方能“吞吐”，情感也需要良性的代谢，从而使得一段关系能够长久地被“保鲜”。

就像寒冬里的刺猬，
互相靠得太近，会觉得刺痛；
彼此离得太远，又会感觉寒冷。

——叔本华

叔本华的刺猬

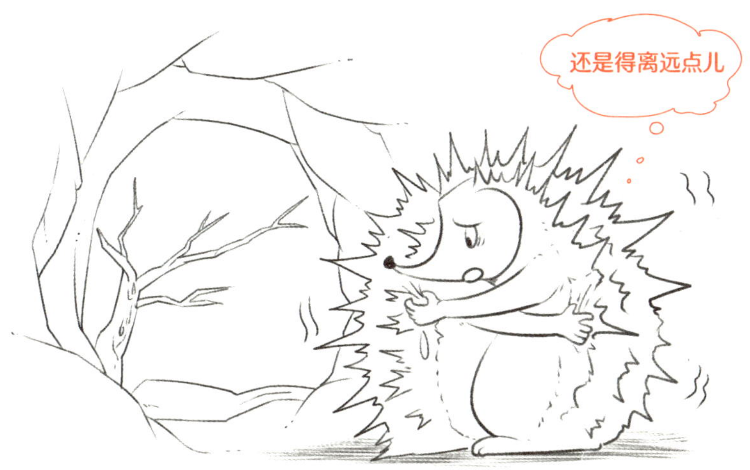

德国哲学家叔本华（Arthur Schopenhauer，1788~1860）在《附录和补遗》一书中曾提到过这样一则寓言：寒冷的冬天里，两只刺猬为了取暖想要依偎在一起。一开始，由于距离太近，两只刺猬都被对方身上的刺刺得鲜血淋漓，它们赶紧调整了姿势，拉开了些距离。这样，它们不但互相之间能够取暖，也不会令对方和自己受伤。

“人就像寒冬里的刺猬，互相靠得太近，会觉得刺痛；彼此离得太远，又会感觉寒冷。” 他的这句名言也因此而传播甚广。这就是常被人们提及的“刺猬效应”，也就是人际交往中的“心理距离效应”。

在人际交往中，恰到好处无疑是真理，如何保持合适的距离的确是一门艺术。

番外：有距离才有美？

1912年，瑞士心理学家**布洛**（Edward Bullongh，1880~1934）在《作为一个艺术中的因素与美学原理的“心理距离”》一文中，提出了**“心理距离”**这个概念。

布洛认为，人们只有在不考虑审美对象和自己的实际需要目的有直接的利害关系的时候，也就是审美主体与审美对象在心理上保持一定距离的情况下，才有可能进行审美。同时，针对“欣赏者或艺术创造者与作品既要有切身感而不是冷眼旁观，又要带有一定距离”的“距离矛盾”，他又提出了“差距”（主客体之间的距离太近）和“超距”（主客体之间的距离太远）的概念。由于“差距”和“超距”之间有一个很大的范围，所以应当允许人们在欣赏活动中存在**个性差异**。

简而言之就是：对艺术的感知“各花入各眼”，个性差异使然，真正的审美需要克服审美活动中的狭隘功利主义。

这个概念虽然是针对艺术领域的审美而提出的，但应用在人际交往中，实在是超级完美的，人与人之间的相互欣赏（审视）谁说不是另一种形式的审美呢，于是“距离产生美”也成了人际交互的“黄金法则”。

亲密无间，缩短关系的“保质期”

如何才能构建起和他人之间更加和谐的关系？ 这恐怕是我们在人生中每个阶段都需要面对的问题。

不少人会将**好的关系**与**亲密**画上等号，向往“如胶似漆”“推心置腹”“情同手足”的关系，无论是爱情、友情、亲情，抑或是与同事的关系，都力求让彼此之间的关系更加亲密。但是，“亲密无间”真的是维系一段感情的秘诀吗？

并不是。正如许多情侣/夫妻争吵的理由是“需要更多的私人空间”、青春期的孩子也总是不满家长事事都要过问，朋友之间比起无话不谈，保留一些自己的空间无疑是更理智的。人非圣贤，人人都有弱点、隐私，一旦你在对方面前变得越来越**“透明”**，关系步入“亲密无间”的境地，通常随**“交付感”**而来的是期待得到**兑付**（对方的情感反馈），以及**“安全感”**的快速下降——害怕弱点、隐私等被利用，对方的任何“辜负”都有可能被放大，关系的“保质期”缩短也就不难理解了。

亲密关系中也要有隐私

在《中华人民共和国民法典》中，“隐私”是这样定义的：隐私是自然人的私人生活安宁和不愿为他人知晓的**私密空间**、**私密活动**、**私密信息**。隐私权作为基本的人身权利受到法律的保护，自然意味着每个人都有自己的隐私，这一点是无疑的。

但是，当一段关系不断升温，当人们把自己置于对方“最亲密的人”的位置时，有些人便会理所应当地认为对方不应对自己有任何隐瞒，如果有，便意味着**“不忠”**或**“背叛”**，于是抓着对方不想表达的内容刨根问底，似乎只有这样才能验证关系的亲密程度。

偷看孩子日记本的家长、费尽心思查看伴侣手机的年轻人……哪个不是陷入了“亲密无间、毫无隐私才是关系最高境界”的误区呢？在面对对方不愿意说出的隐私时，他们总是喜欢刨根问底，甚至陷入“死胡同”，不光让自己变得敏感多疑，也让对方感受到不自在，甚至感觉被冒犯。

每个人都会有不愿表达的事，丢脸的、难言的，或是不愿被打扰的……分寸感主动或被动地丧失，往往会导致对方在这段关系中感受到不适，关系破裂也就在所难免了。

“冒犯感”会加速关系的变质

远离让自己不适的人或事物是人的本能，在一段关系之中，如果感受到对方时常过分追问自己的隐私，或是侵犯了自己的私人空间，心理上的不适感一定会推动人们逐渐疏远对方，直至结束这段关系。

不仅如此，有些时候被冒犯的感觉往往出现在最意想不到的时候。我们来举个例子吧。

A、B、C在同一个部门工作，C是新入职的同事，A是部门领导，和B共事多年，B曾经帮A解决了不少难题，两人私交甚好。一日，三人闲聊。B觉得自己和A绝对是“过命的交情”，说起话来有些**口无遮拦**，指着A对C以一种开玩笑的语气说：“我最了解这家伙了，就是个大尾巴狼，离他远点儿，别哪天被这家伙害了，哈哈哈。”B觉得只是一句朋友间的玩笑，却不料他们从此渐行渐远。哪个愿意自己在别人面前被描画成一个不堪的“烂人”呢？即便是“玩笑”也难以接受，谁能保证别人不会当真呢？

所以，有时当你以为自己在努力地拉近与对方的关系时，带给对方的却有可能是一种困扰与不适，这样的“用力过猛”久而久之反而会导致关系的疏远。

亲密与否并非是检验关系的唯一标准

《庄子·山木》中曾写道：“君子之交淡如水，小人之交甘如醴。君子淡以亲，小人甘以绝，彼无故以合者，则无故以离。”辛弃疾在《洞仙歌》中写道：“味甘终易坏，岁晚还知，君子之交淡如水。”这就是我们日常所说的“君子之交淡如水，小人之交甜如蜜”了。可见，对于关系的界定，并不应以是否亲密无间为标准。

如果一味地追求拉近彼此之间的距离，模糊了人与人之间所应当有的社交距离，甚至冒犯了隐私和个人空间，不光会让两人之间的关系陷于尴尬，甚至会导致“适得其反”，让彼此越来越疏远。

很多年轻人描述理想社交关系的时候，常用“知己”来表达，这个词比起强调物理意义上距离的“近”，其实更强调的是观念、灵魂层面的契合与理解，体现的是人们不把亲密与否作为唯一衡量关系亲疏标准的观念，相信彼此之间观念态度的契合，或能在成长的过程中做到相互支持、陪伴，远比整日里形影不离、无话不谈更重要。

过分凉薄，亲人也会变路人

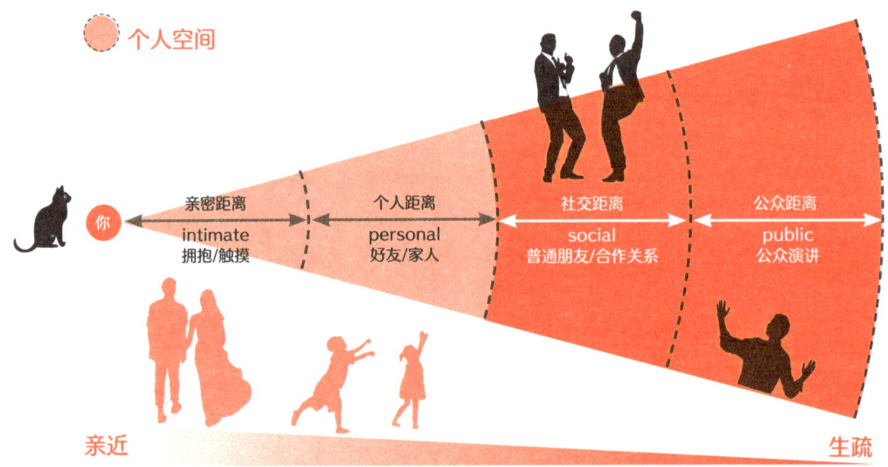

美国人类学家爱德华·霍尔通过大量观察与研究认为，人与人之间的亲密程度，决定了他们相处的距离。一旦失了分寸越了边界，就很容易引起麻烦和冲突。

和过分追求亲密无间相反，另一个极端是在与人交往过程中表现出来的过分淡然，甚至凉薄。这样的处理方式，无疑会忽略关系的**维系和发展**，很可能会错过原本有机会进一步发展的关系，也会错失许多潜在的机会。

对于职场人而言，“同事不是朋友”似乎成了一句箴言。某种程度上，和同事成为朋友的美好剧情对于很多人而言更像是“科幻片”，工作上甩锅、请人帮忙带饭不给钱、奶茶不A钱才是更多人和同事相处的日常，这也使得很多人把和同事之间的关系看作一种被迫社交，以“摆烂”

的态度勉强应付。

而对于亲密程度不及同事的“点头之交”更是如此。人们总是认为那些只是一面之缘的人很难对自己造成影响，比如在路上遇到需要帮助的路人时，愿意停下脚步去搭把手的人总是少数，不少人还是坚信“帮了也没有什么用，只会让我上班迟到”，于是选择了忽视。

这种过分凉薄的态度，使得许多“有可能进一步发展的”关系消失殆尽，在人们试图避免麻烦的同时，也有许多机会被隔绝于外，比如：同事或许可以成为未来创业时的合伙人、路上的一次见义勇为或许帮助的正是自己的“贵人”……

番外：人际关系中的倒U形曲线

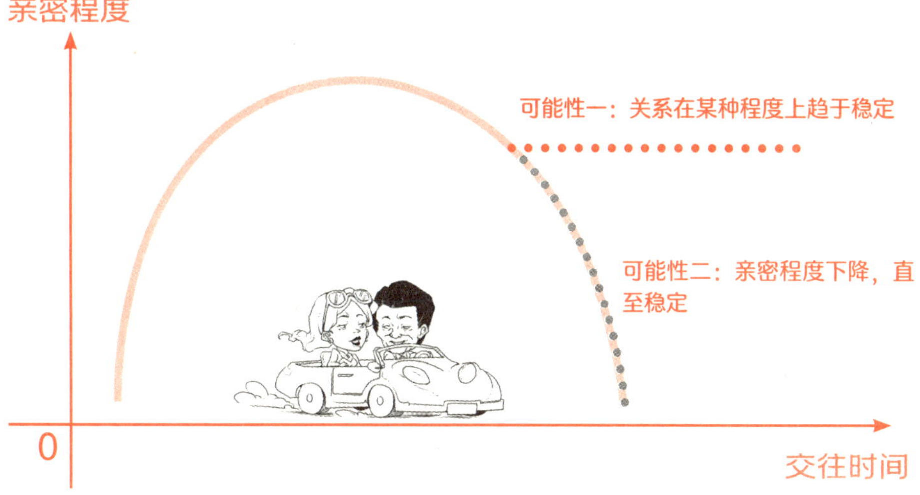

在社会经济现象中，有许多变量分布都会呈现出U形或接近U形，形成U形曲线，比如死亡率，年龄小的（婴幼儿）和年龄大的（老年人）死亡率较高，出于年龄段中间左右的中青年死亡率较低。有些社会学家发现，

人际关系也会呈现出U形曲线，但是**倒U形**。在关系初期，双方亲密度较低，出于对对方的好奇，对对方的优势、特点通常会给予较为积极、正面的评价，亲密度增加，沟通协作的效率会较高、进展会较快；然而随着交往的不断深入，负面评价会逐渐增多，沟通不畅、不和谐等问题会暴露出来，亲密度降低。双方如果能够相互理解、包容，就有可能建立更加良好的关系，直至达到较为默契的程度，反之，也会进入较为稳定的状态——疏远。

人类的情感（情绪）堪称世界上最复杂的事，所以，这个模型不可能是“铁律”，但在大部分情况下是符合实际情况的。像任何事情一样，人际关系的发展也是有起伏的，我们只要抱有**耐心与善意**，建立良好的人际关系并不是太难的事情。

一味“独善其身”会让你错过很多

不少人之所以会选择“**事不关己高高挂起**”的处世态度，其本质的原因是对“人情社会”积怨已久。因为受够了职场上虚伪的客套话，所以选择了下班拎包就走；因为不想在春节时的饭桌上奉承那些连叫什么都不记得的远房亲戚，所以回家前就准备好了一套“已读乱回模板”或是“回怼烦人亲戚大全”，力求避免一些可能与他人变得熟络的机会。但你肯定也会发现，这在看似规避了很多“麻烦”的同时，也阻碍了一些正向关系的建立和发展。

人并非是完全独立的个体，而是存在于各种各样的社会关系之中，以凉薄疏离的态度对待身边的人，在无形中便让自己变成了“一座孤岛”，也隔绝了许多使关系朝着更理想的方向发展的可能性。聚餐时避之不及的亲戚，可能身上有许多有趣的特质和故事，甚至可能是你下次创作时的超优质素材；坐在旁边工位却一天说话不超过五句的同事，或许正是那个你

回怼烦人亲戚大全

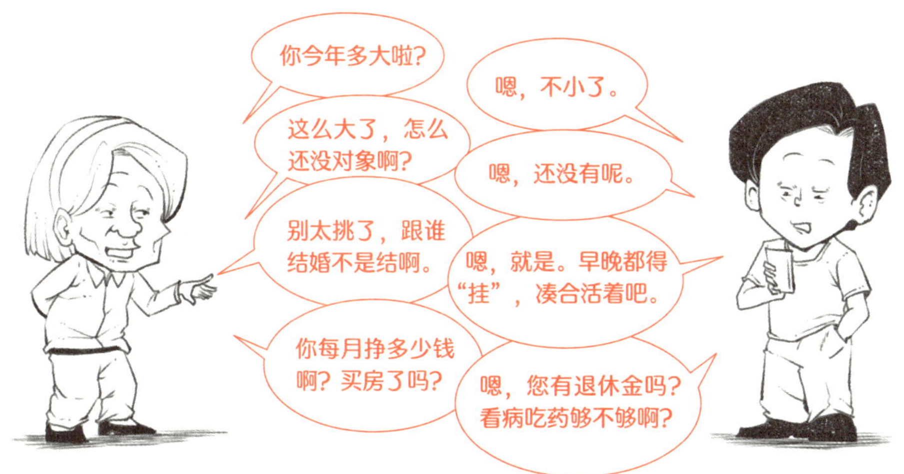

一直苦苦寻找的知己。

与自己所不熟悉的人建立起恰当的社交关系，并非是想象中那样“恐怖”的事情，甚至或许会比你想象中有趣得多。

疏远不是解决“被麻烦”的最优解

无论是在办公室被当作“带饭苦力”，还是出国旅游成为朋友们的免费代购，似乎都能被归咎于“没有保持足够的疏离”。于是，不少人认为“疏远”是应对一切不必要社交的王道，只要自己和Ta之间距离保持得足够远，就能避免沾染上一切麻烦。

但这样的归因显然有失偏颇。因为害怕成为“被麻烦”的对象，而与其他人保持着过分疏离的关系时，看似不再会“被麻烦”，但同时某种程度上也使得自己变得“孤立无援”。尤为重要的是，在“**边缘化自己**”的同时，我们也会因为缺乏“麻烦了自己，帮助了别人”而产生的自豪感与被认同感，而使自己的生活**幸福感**降低，甚至导致**自我怀疑**——我可能根本就没有社交能力，或者**自我价值矮化**——根本没人需要我，我就是个没用的人……长此以往，不仅生活上有可能出现“孤立无援”的情况，精神上也可能会陷入无助的境地。

与他人建立联系并非只是物质利益上的需求，也是心理上的需求，让自己在与人相处的过程中体会到被需要的幸福感、融入社会生活的舒适感、被人认同的价值感。人们常说“被麻烦是一种福气”就是这个原因。至于“被麻烦”带给自己的不适，往往是由于与对方没能保持适合的距离，导致自己被**过度**要求或是自己没有做出**必要的拒绝**等多方面的原因所导致，所以，不要**因噎废食**，评估自己与Ta的关系，保持合适的距离吧，体会社交带给你的快乐。

走着走着就散了，冷着冷着就淡了

老话讲“**久别爱难寻**”，从广义上说就是，长时间、远距离的分别，再好的关系也会淡了，亲情、爱情、友情，都是如此。不光是“久别”如此，长期的疏远、冷淡也是一样，所以我们常会感慨“曾经那么好的关系，怎么走着走着就散了，冷着冷着就淡了呢”。

很多人都有这样的经历：明明并不讨厌同学/舍友/同事，就因为总是不参与集体活动（比如睡前“卧谈会”“团建”……）而被大家排挤；默默地做事，结果却发现，方案早就调整了，自己却根本不知道；曾经的好友，想打个电话的时候，却发现对方的电话已是空号……这些不免会令自己伤心、郁闷，但同时也应该扪心自问：大家聊天的内容我明明感兴趣，为什么就是一句话都不想说呢？明知道团建的时候会有工作上的沟通，我怎么就没想着事后和大家沟通一下呢？我有多久没联系过Ta了？上次Ta给我打电话的时候，我太忙挂断了，是不是后来忘了给Ta回电话？是不是我冷淡了Ta？是不是我没能把自己温暖的心意说出口，自己表面的冷淡让他们误会了？是不是自己的傲气/跋扈伤害了对方？……从中一定不难发现“散了”“淡了”的端倪。

不要总把“太忙”“不善交际”“内向”“不过是有点儿幼稚”当作疏远了Ta的借口；不要总埋怨别人排挤自己、故意给自己使绊子；也不要

因为怕被麻烦或者怕麻烦别人，而刻意回避必要的交往，“**只要是你，我不怕麻烦；而你，也一定不要和我客气**”，多温暖的一句话啊……没有人生而孤独，但不孤独也需要努力。

“**良好沟通**”是拉近距离建立关系的必要方式，“**保持距离**”是维系良好关系的不二法宝，“**保持联络**”是令关系长久的最优选择。尤其谨记，在每一段交往过程中，真诚都是基础。

构建“关系”=社交≠虚情假意

人作为社会动物，谁都无法否认他人之于自己的重要性。无论是在精神或是物质上，还是在日常生活或是人生大事上，他人常会起到一定的“**加成**”作用。没有人不需要任何帮助，也没有人可以绝对“独善其身”，相互扶持和相互成就是人们之间最好的关系模式，因此构建起人与人之间良性的相互关系是不可或缺的。重要的是，我们应该改变自己社交的方式，让自己能够找到在社交关系中的舒适圈，探索出与**不同类型人们不同的相处方式**，而非用回避的方式消极地对待问题，更不是虚与委蛇。

不要把社交和“虚情假意”“满嘴客套话”等画上等号。少了**尊重**和**真诚**，建立起来的“关系”如同无源之水无本之木，禁不起任何“风吹草动”，这绝非我们想要的、真正的、好的关系。与他人关系的构建与维系没有想象中的那么困难，在他人需要帮助时不要吝啬于搭把手，无论对方是春风得意还是低潮受挫，给他一句真诚的祝贺或是安慰，或许都是构建起相互关系的良好开端。

“乍交之欢”与“久处之厌”

明代文学家陈继儒在他的旷世奇书《小窗幽记》里有这样一句话：**使人有乍交之欢，不若使其无久处之厌**。用现代的话讲就是，与其让人一见面就喜欢你，不如让人与你长久相处而不讨厌你。

初见面时，大部分人都会下意识地将自己最好的一面展现给别人，对于那些自己的“**短板**”（当然是自己意识得到的）自然会有意无意地做些**掩饰**，所以，人与人相交的起点通常不会完全真实。

“一见如故”“一见钟情”并不少见，概是因为初时见到的大多是彼此美好的一面；能够走得远却并不容易，被时间打败是常态，所以“人生若只如初见”才会拨动那么多人的心弦。随着时间的推移、交往的深入，自己的、对方的优点和缺点，都会逐渐展现得越来越清晰。如果即便如此，友谊的小船仍然能够乘风破浪（因为一帆风顺实在是不大可能的奢求）地航行下去，那么恭喜你，你获得了一份难得的情感！

无论是生活上、工作上，各个层面的交往想要深入下去都不是能够一蹴而就的事情，需要时间的**沉淀**，需要共同面对困难的**洗礼**，当然还有相处时彼此尊重与否、包容与否等诸多**细节**的处理。总之，延长关系“保质期”——拉近距离、保持距离——不是件容易的事，一旦做到，定会受益良多。

熟人生处，让关系保鲜

“熟人生处”顾名思义就是熟人之间有时候要当成陌生人那样来相处，换言之，就是有时候要适当地保持距离。“**亲近地保持距离**”确实不容易，但我们又不得不感慨，没有尺度的强行融合，没有边界的肆意突

破，相处时才会更从容，离我们的处世巅峰——**久处不厌，闲谈不烦，从不敷衍，绝不怠慢**——才能近一些，再近一些。

适当的距离避免过于亲近所带来的冒犯与压迫感，让人们在这段亲密关系中能够有空间“呼吸”，少了压力，就有可能更好地表达自己的感受和需求，同时彼此也能够更好地理解对方。

不少人与父母关系的缓和发生在进入大学读书之后，当孩子不再需要事事向父母汇报，“管控”与“被管控”的关系被打破，似乎双方都有更大的意愿和对方倾吐一些之前从未提及的心声。一些因“形影不离”——需要时刻向对方报备“行踪”和“思想动向”——而倍感窒息的情侣，也常会在分开一段时间之后，关系得到进一步的发展。

懂得给予对方一定空间，意味着彼此都让自己的情绪多了“**缓冲区**”，更利于思考，使得关系中存在的一些bug有可能得到正视与及时的修复，这无疑会使得关系的“保质期”被延长，更利于关系的长久维系。

熟不逾矩，诸事皆应有度

已经步入金婚的夫妻，为什么还会争吵不休？

分开多年的恋人真的会重归于好？

失去的客户怎么才能挽回？

为什么一顿“恶架”没有失去对方，一次误会却从此陌路？

…………

生活中太多的问题困扰着我们，让我们深刻地体会到，一段关系，无论好坏，都不意味着它会一成不变，不会出现任何变化。尤其是关系熟稔的人们之间，往往会忽视这一点，觉得“那个人一直会在那里”，相处时便少了**尊重**，少了很多**顾忌**：恣意地发脾气、忽视对方的感受、无底线地开玩笑、自顾自地“互通有无”……说到底，你不是我，我也不是你，

尊重是人们之间相处最基础的“矩”——**分寸**，再好的关系，再亲密的友人，在一次次缺乏分寸的逾矩中，情谊也会消耗殆尽。

就连爱情、亲情在“逾矩”面前都会变得无能为力，因为“那个人并不会一直在那里”。

人作为独立的个体，人们之间的**差异是客观存在的**，这些差异必然会带来这样那样大大小小的“摩擦”，关系有好有坏也就不难理解了。摩擦的出现并不都代表关系中的双方是不“兼容”的，更多的时候代表着二者之间或许出现了“划痕”或“破损”。

常言道“当局者迷”，处于关系漩涡中的人往**往难以察觉**或**不能正视**其中存在的问题，而“旁观者清”的正解便是“**调节距离**”，当距离适当时，通常能有效地帮助关系中的双方更快更好地正视这些潜在或已经暴露出的问题，进而有效地进行“修复”。

有些矛盾是可以被距离消解的

当关系中的双方总是“亲密无间”时，在这种过分“狭窄”的关系中，原本两个独立的个体就不得不作为一个“整体”存在，不得不因此而适应对方的一切，所以，无论大事小事，都难以避免地会成为矛盾爆发的导火索。但无论是放弃自我，还是期待对方放弃自我，都不是件容易的事，因此，保持适当的距离也是消解彼此间矛盾的重要方法之一。

如同情侣之间的矛盾总是爆发于生活在一起之后，双方除了要接受和适应彼此的性格与观念，还不得不去适应对方的生活习惯，而这其中的不同往往会导致失和。

而当双方保持相对独立，保持适当距离的时候，彼此之间的差异通常更能够被对方所宽容，甚至完全包容，而不一定要追求消除差异的“绝对弥合”。

距离？深度？其他？

通常，我们把人与人之间通过直接的或是间接的交往而形成、发展起来的心理关系都叫作人际关系。这是一个相当宽泛的概念，是较低层次的社会关系——它无时不在、无处不在，有人的地方就有“人际关系”，也正由于此，这种关系渗透和影响着社会关系的各个方面。它主要表现为人们心理上的距离远近、个人对他人的心理倾向以及相应的行为等。人际关系的建立与发展过程，实际上是一个**情感卷入**和交往由浅入深的过程。

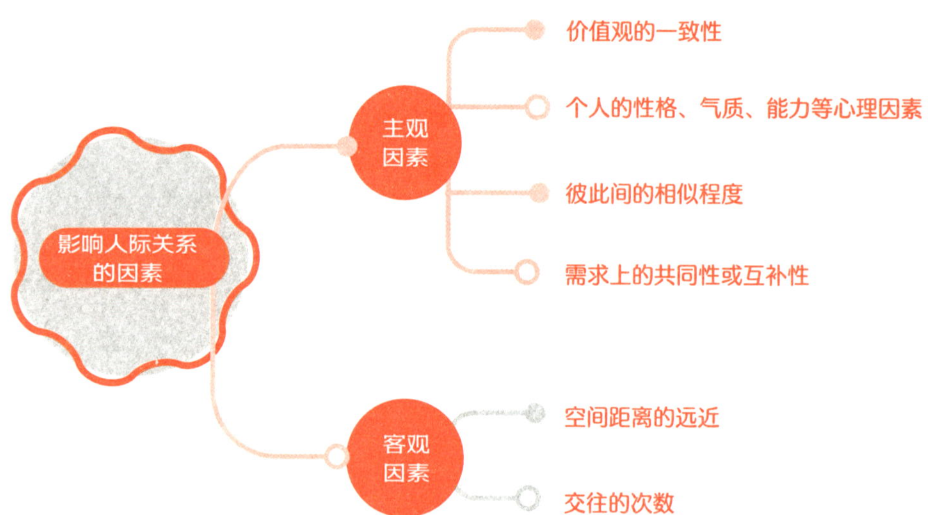

不管是主观因素还是客观因素，都意味着**不同层面的距离**，都不同程度地影响着情感卷入的速度和深度。比如，价值观越趋近、性格越相似、某些方面的能力越是不分伯仲，越容易形成共鸣，情感卷入越容易，也越

会卷入得深；空间上离得越近、交往的频率越高，情感卷入的可能性就越大，同样会有利于深度卷入。

距离，衡量关系的“金标准”

通常，人与人之间的物理距离是一段社交关系中最“外显”的存在，心理距离则是最“隐形”的存在，因为“隐形”，所以难以衡量，有时候甚至难以感知，实际上，最令人“抓狂”的是，人的“第六感”总是很敏锐地感知到这样的“隐形”距离，但却难以如愿拉近。

无论是“外显”的，还是“隐形”的，无论在亲人之间、朋友之间，还是在同学之间、同事之间，或是在任何发生关联的人之间，距离都是最自然、真实的存在，有人称它为衡量关系的“黄金法则”也就不难理解了。

盘点一下那些困扰着你和Ta的问题，其实就可以基本判断你们之间的关系远近了。

我？你是我最信任的人，
怎么证明你和我最“铁”？
你这么介意“异地”吗？我为你付出了一切！
居然连这点忙都不肯帮吗？！
要不要把自己最难以启齿的秘密告诉Ta？
已经半分钟了，为什么还不回复？
为什么背后捅刀子的会是你？！
这孩子也太不听话了！
怎么证明你爱我？
你说，我和Ta到底谁更好？！
我是你最信任的人吗？
我和你妈同时掉进河里，你会先救谁？

有些困扰可以得到明确的解决方案，但有些则似乎怎么回答都没办法令对方满意，甚至，有些答案在不同的人眼里，会有不同的理解，这就是人们常说的“话从出口的那一刻起，歧义就产生了”。即便如此，为了“和谐大一统”的极致目标，大部分人还是会为了求得“距离最优解”

而不懈努力。当然了，结果未必圆满，有的甚至会因此进入死胡同，但努力追求是必须的。

在判断和调整“距离”问题的过程中，有几点是有必要特别注意的：

1. 距离是客观存在的，不必强求“无间”，**适可而止**很重要。

2. **目标设定不要太高**，因为这不仅取决于你怎么做，对方的意愿也很重要。

3. 先别要求对方怎么做，先想一想**自己**能够为这段关系做什么。

拉近还是加大？先做个判断！

法国作家安德烈·莫洛亚（André Maurois，1885～1967）曾说：“人间没有一样东西能在遗忘弃置中久存，房屋被弃置时会坍毁，布帛被弃置时会腐朽，友谊被弃置时会淡薄，爱情被弃置时亦会溶解。”在友谊这个单元里，“弃置”几乎可以等同于主动加大了彼此的距离。

不同类型的关系需要的距离不同，只有对关系的类型有了正确的判断，对彼此之间应保持的距离有了正确的认识，才能让自己和对方更好地相处。

人际关系的外延很广，血缘关系、朋友关系、夫妻关系、同学关系、师生关系、同事关系、合作关系、邻里关系、竞争关系、敌对关系……从**不同的角度**看，会有各种不同的关系，形形色色，渗透到社会关系的各个方面，是社会关系中一个个绝不会完全相同的“**横断面**”，有些关系需要我们尽量地缩短距离（血缘关系、夫妻关系、朋友关系等），有些则需要适度地保持距离（合作关系、同事关系等）。这其中有些关系则更免不了让我们头痛，明明恨不得离得远远的，却又不得不尽力拉近，比如敌对关系，为了百战百胜不得不费尽心思地缩短和对方的距离，努力地做到知己知彼。

深度比距离更重要？

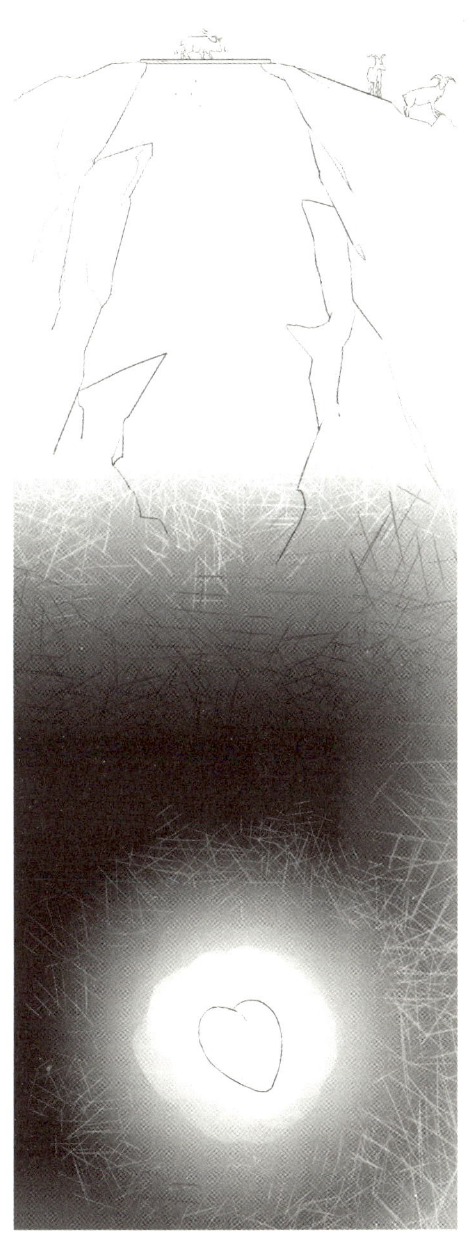

有人说，比起追求空间距离的近，导致缺乏对隐私的保护，追求关系的深度才是更重要的。这类朋友往往认为，关系的深度决定了双方是否真正契合。但是，深度不就是**另一个维度**上的距离吗？

想要时刻“黏”在一起与想要“神”“心”高度契合，不过是一体两面罢了。

如同赫拉克利特说“人不能两次踏进同一条河流”、莱布尼茨说“世界上没有两片完全相同的树叶”一样，世界上没有哪两个人是完全相同的，容貌不同、家庭背景不同、经历不同、思维方式不同……“精神”“思想”这么抽象的层面更是不可能时时、事事保持一致了。

作为一个个独立的个体，有差别、有距离才是正常的、科学的，无论在哪个维度上，追求距离的无限接近都无异于缘木求鱼，必然会导致“求而不得”。所谓的“心灵伴侣”“天作之合”必是相对的，在相处过程中，追求“和而不同”才是更聪明的做法。与其求而不得，为此而黯然神伤，不如保持适度的距离，从容地相处。

“亲密”与“占有欲”，一线之隔

真正好的关系是怎么样的？或许“**亲密**”并非是最好的答案。在很多情况下，过分追求“亲密”不过是“**占有欲**”的另一种表现方式——什么时候，和谁，在哪里，说了什么，做了什么，事无巨细通通都要报备；除了自己，和任何人的交往都被限制或禁止；信息必须“秒回”；晨起一定要发“早安”，睡前一定要发“晚安”；外出一定要穿情侣款……似乎只有这样才是“亲密无间”，否则就是“图谋不轨”甚至“不忠”，但这不就是希望占有对方所有的情感维度吗？不是占有欲又是什么呢？

这种情况在父母与子女之间、情侣之间尤其常见，往往会因为情感窒息而导致冲突。

用“**舒服**”来形容一段好的关系应该更加恰当。身处一段关系中的双方不会被距离远近所绑架，而是能够自在地相处。在共享某些共同的爱好、观点的同时，也保留有独立的自我，一方面能够在这段关系中享受到被陪伴的幸福，而另一方面也能够回归保有独立自我的时刻。

一杯水的距离——人际关系的“舒适圈”

我们常常称赞某人“**情商高**”，但究竟什么是情商高呢？仔细想想，其实就是因为Ta在与人交往的过程中能够**把握好分寸**，在不同的关系里都能恰到好处地拿捏尺度，这“尺度”便是彼此的距离，是**界限感**。

相处自有“相处之道”——远近有度、浓淡适中，一定是不二法则。远了会生分，近了会沉重；淡了会疏远，浓了会上头。“相见亦无事，别后常忆君”。

有人说，好的关系就像一杯水——

你说要来我家做客，我欣喜，放下电话，收拾一下房间，冲好香茶，等待你的到来。

你放下电话，换上一身舒适的衣服，带上一份并不贵重的小礼物，前来。

你到时，房间清爽，香茶温热。我们相对而坐，谈天说地，谈你说我，甚欢。

不是不分时间的贸然闯入，不是久不联络的疏离冷淡，这样的距离便是刚刚好。换言之就是：亲近地保持距离。这个原则不仅适用于朋友之间，亲人之间也是如此，各自拥有自己的独立空间——不被侵扰，又能够保持着彼此之间的良性互动——社会属性是我们难以抛弃的。

亲近地保持距离

我们之所以趋之若鹜地想要融入人群，自愿或是被动地社交，根源大抵是我们都不愿意被“**孤独感**”所侵扰。

社交的本质是一种寻求认同、建立关系、分享信息和情感的过程，是人类社会生活中不可或缺的一部分，是人类的基本需求之一。这种需求的被满足能够有效地让我们增强自信心和归属感，减轻无助感和无力感。

但矛盾的是，孤独感同样是人类普遍存在的一种情感，而且，它**并不总是负面**的，这种情感的存在，让我们得以更独立地思考，免受干扰，甚至，很多创造都是在这种情况下产生的。有意思的是，我们常常还会享受这种情感，这让我们内心宁静，能更清晰地体会到个人的存在与价值。

很多时候，生活就是处处矛盾的，于是“亲近地保持距离”就成了我们必须要遵循的处世之道。

“一厢情愿”无异于“情感勒索”

美国著名心理治疗师、作家苏珊·福沃德（Susan Forward）说：很多时候，真正导致我们不幸的，恰恰是我们的**一厢情愿**。

“我这是为你好！”

“我这么爱你，你怎么能这么对我？！”

…………

这样的话，相信每一个人都听过，甚至说过，当你听到这话的时候，你在想什么？大部分时候会是“是我让你对我好的吗？”“我怎么对不住你了？”但如果这些话是你自己说的，你仔细想一想，那个时候是不是**潜意识**里有这样的想法：“不够！根本不够！你应该回馈给我再多一些！”如果对方的表现达不到**预期**，你心里可能还会生出种种怨念，比如“不懂事”“辜负”“绝情”……这是不是充满了满满的“勒索”的味道？

极致的例子恐怕就是为了追星不仅掏空了家底，发誓终身不嫁，还逼

得父亲跳海自杀、明星被公众大骂的那位“脑残粉丝”了。所谓“一厢情愿”，指的就是在处理与双方有关的事情的时候，只顾自己的愿意，而不顾对方愿意不愿意的行为。这不是逾矩、越界，又是什么呢？

以这样模糊边界的态度试图促进更亲密的关系，显然是不大可能的，大概率只会让对方感到窒息。“一厢情愿”有时候确实会带给我们惊喜，但更多的是……请你离我远一点儿！

一切交往都有不可超越的最后界限

被称为“当代灵魂作家、哲学家”的周国平老师在《人与永恒》一书中说：“一切交往都有**不可超越的最后界限**，这界限是**不清晰**的，然而又是**确定的**。”

这话引起了很多人的共鸣，可不是嘛，相处时大家都在摸索这个界限，却总是感觉这个界限似有似无。说它存在吧，我们根本无法用清晰的语言、标准加以界定；说它不存在吧，我们社交中的一切麻烦和冲突又都是缘起于无意中突破了这个界限。

其实毋庸置疑，这个界限一定是有的，只不过由于情感与环境的多样性、多变性，我们**难以把握**罢了。在这件事上，我们真的是不管多难都要努力**摸索**，决不能轻言放弃，在摸索的过程中，我们不仅能获得更好的社交体验，也能在摸索过程中不断修正、完善自己的为人处世态度和行为，帮助自己成为更好的自己。

不即不离，社交的“最高智慧”

无论是多么亲密的关系、多么聊得来的朋友，都无法改变“人人都是独立的个体”这个事实，这样的现实就意味着：无论是谁，都需要和Ta（对方）保持一定的距离才有可能保持舒适而长久的关系。

“伤你最狠的，是离你最近的”“为什么始终走不进你的心里”……这样的“怨憎会”与“求不得”是不是很熟悉？《圆觉经》上说“**不即不离，无缚无束**”，运用到社交维度，或可理解为不必过分亲近，也不必刻意疏远，不远不近的关系才是最舒服的，保持没有压迫感、束缚感的关系才是社交场上的“最高智慧”。

在职场上，被大多数人喜欢的、活得更自在的人从来不是与所有人都熟络的“社牛”，而是那些一方面和同事之间拥有能够聊得来的话题，在工作时间能够一起吃饭，聊上几句职场琐事，但另一方面，却也有着自己丰富的个人世界的带点儿“神秘色彩”的同事，他们似乎与所有人都保持着不远不近恰到好处的关系，无须过分经营，从而拥有了较为舒适和自由的社交关系。

不即不离，不远不近

衡量社交距离如同舞伴间的距离，站得**太近**，他们的舞步就会相互干扰，甚至踩到彼此的脚；站得**太远**，无法准确感受到彼此的节奏和情感；只有距离**适当**，才有可能完美地配合，享受情感与肢体同频的乐趣。

这个距离不是不变的，而是不断调整的，如由于对象的不同、环境的不同等，距离也有所不同。也就是说，这个距离是难以（有时甚至是无法）量化的。无论是家人、恋人、朋友这样的亲密关系，还是同事、同学这样的社会性人际关系，哪些话能说？什么时候能说？能说到什么程度？哪些事能一起做？什么时候最恰当？能做到什么程度？……恐怕难有固定的答案。

可以肯定的是，“距离”和“边界感”从来不应和“疏远”等同，而是为了维系人与人之间舒适关系的必然需要。当我们拿捏好了这个“恰当的距离”，便自然而然地拥有了“边界感”。

“不远不近”“熟不逾矩”才是真正的社交“王”道。

不即不离，可远可近

对每个人而言，社交关系都是必不可少的，但这并不意味着每一段关系都是不可或缺的，对于那些不良的关系，我们也要懂得果断舍弃。

不良的关系对于彼此都是一种负担，有时候甚至能成为一种伤害，毕竟“不良”也就意味着关系中的一方或是双方少了真诚，如果没有了改善的可能性，再继续下去的必要性也就自然不存在了。

在热播综艺《非来不可》中，作家刘震云这样定义“断舍离”：断，说的是人和自己的关系，要断自己的烦恼；舍，是扔东西，说的是人和物的关系；离，是离开那些你觉得不是朋友的人，这是跟他人之间的关系。

扔掉不必要的物品让我们的生活更爽利，舍弃不必要的关系让我们的情感世界、精神世界更健康。

当我们原本的关系是相对健康的、距离适当的，舍弃的时候便会少了因“嵌入”过深而带来的痛苦，也就是说，能够给予自己更多调节关系的“机动空间”，让我们进退有度。

处小人，在不远不近之间

在有关为人处世的作品中，明代思想家吕坤（1536~1618，字叔简，一字心吾或新吾）的《呻吟语》不可不提，“处小人，在不远不近之间”即是其中一句，寥寥十字，其对于世事的洞彻精微令人感佩。

所谓小人，指的是那些人格卑鄙的家伙，谎话连篇、造谣生事、巧言令色、挑拨离间、阿谀奉承、阳奉阴违、见风使舵、落井下石、捧高踩低、栽赃陷害……所有这些令人作呕的行为，在小人身上都有可能是常态。但不幸的是，在生活中，在每个人的周围，都有这样的人存在，他们做事常常为达目的不择手段，与他们相处，稍有不慎就会沦为他们的“猎物”“工具”，吃大亏。

小人不同于恶人、坏人，恶人和坏人通常是比较容易分辨的，离远些也就是了，但小人不同，他们身上大多还有一个共同的特征——貌似忠厚、温良。当我们意识到对方是小人的时候，我们通常已经吃亏了，或是已经看到身边的人吃亏了。

由于善于伪装，小人通常以“好人”的形象存在着，生活中多的是鸡毛蒜皮的小事情，不关乎大义，我们也没必要贸贸然地与之作斗争。方法不当的话，很可能周围的人还会错把我们当成图谋不轨、挑拨是非的人。加之小人做事通常毫无底线，令人防不胜防，因此，与小人相处，最佳的方式就是保持足够的警惕、保持足够的距离。

与小人过分接近，对自己无疑是负担，战战兢兢地过日子，肯定无比辛苦；但冷落小人又难免招其嫉恨。孔子所说的“近则不逊，远则怨”就是这个道理了。

“如何鉴别小人”跟“如何与小人相处”比起来，前者困难多了。所以，与人相处当“不即不离”看似有些消极，但确实是最聪明的选择。

第二章

距离，让友情更长久

中国现当代散文家、学者、文学批评家、翻译家，更是被称为一代生活家的梁实秋先生在《谈友谊》里写道：君子之交淡如水，因为淡所以才能不腻，才能持久。

年轻时，当被问到朋友是什么的时候，很多人的回答都是“走得近”“关系好”“合得来”，恨不得朝朝暮暮、时刻相伴、同生共死，但随着年龄的增长、阅历的增加，对“友情”的理解大多会发生变化。

友情，的确是一种微妙的存在，彼此之间的亲密带来的安全感无疑是这种关系里最为宝贵的，因此我们尽情享受着来自朋友的陪伴：开心时的畅聊、失恋时的安慰、日常生活里的“搭子”、异地漂泊时的依靠……但同时我们也会发现，朋友并不是另一个自己，并不能和自己完全同步，我们都有不想说的秘密，都有想独处的时候，甚至，我们都有一颗想要“八卦”的心！人就是这么矛盾！

人的生活离不开友谊，
但要得到真正的友谊才是不容易的。
友谊总需要忠诚去播种，
用热情去灌溉，
用原则去培养，
用谅解去护理。

——马克思

友情是个啥？

在我们权威的工具书《现代汉语词典》里，对“**友情**”是这样解释的——朋友的感情；友谊。对“**友谊**”是这样解释的——朋友间的交情。对“**交情**”则是这样解释的——人与人互相交往而发生的感情。对“感情”又是怎么解释的呢？**感情**——①对外界刺激的比较强烈的心理反应；②对人或事物关切、喜爱的心情。那对“朋友”又是怎么定义的呢？**朋友**——①彼此有交情的人；②恋爱的对象。所以，“朋友”“友情”或是“友谊”的正解是什么？

读到这里，是不是有些“凌乱”的感觉？

再去看看《辞海》，在《辞海》（第七版）里，则干脆没有“友情”这个词条，“友谊”这个词条也仅仅是对黑龙江一个小县名的阐释。

我们是不是可以理解为“太难定义了”！“看官，您自己体会吧”！

“怨憎会”与“求不得”的“解药”

佛说：生、老、病、死、恩爱别离、怨憎会、求不得、忧悲，是**人生八苦**。“生、老、病、死”全不由人，“恩爱别离”也常是身不由己，我们只能坦然接受，其余的三苦，我们还是有可能自己调整的。

在友情的世界里，常会带给我们痛苦、忧悲的往往是形形色色的“怨憎会”与“求不得”；在爱情的世界里，也是同样。这似乎是亲密关系的“毒药”。有解吗？我想还是有的！

降低预期，把期待值降到最低。当我们投入了感情，就会期待对方相应的回馈。但是我们期待的“相应的”回馈常会比我们想象的要多，当这个量达不到我们的预期，我们就会不可避免地失望、失落。其实，茫茫人海中，所有的遇见何曾不是一场惊喜呢？少些期待甚至根本不去翘首以待，怅然若失自然也就淡了，散了。

无论是我们多么在意的朋友，如果Ta轻易地离我们而去，那原因只有一个：Ta并不是我们真正的朋友。遇见，是幸事，相交相知，更是大幸，远了散了，不过是缘分使然。

降低预期最好的方式恐怕就是以己度人，与外人/物保持适当距离，减少期待了。

“同心同德”与“人心隔肚皮”，哪个更“真”？

在《三国演义》第一回“宴桃园豪杰三结义 斩黄巾英雄首立功”中，刘、关、张桃园一拜，立下誓言“念刘备、关羽、张飞，虽然异姓，既结为兄弟，则同心协力，救困扶危，上报国家，下安黎庶，不求同年同月同日生，只愿同年同月同日死。皇天后土，实鉴此心。背义忘恩，天人共戮”传成千古佳话。

在《水浒传》第七十一回“忠义堂石碣受天文　梁山泊英雄排座次”中，梁山好汉热血结义，发下誓言：“……自今已后，若是各人存心不仁，削绝大义，万望天地行诛，神人共戮，万世不得人身，亿载永沉末劫。但愿共存忠义于心，同著功勋于国，替天行道，保境安民。神天察鉴，报应昭彰。”

如此誓言振聋发聩，让无数世人视其为“朋友忠义”的制高点，但细品之下，“背义忘恩，天人共戮”“神人共戮，万世不得人身，亿载永沉末劫”这样恶毒的诅咒又何尝不是对“忠义”的**不信任**呢？

正所谓“爱之深，责之切”，就因为这样的深情厚谊太过难得，我们才小心翼翼，生怕失去。

有人说，“同心同德”的朋友之谊仅仅是**理想**，“人心隔肚皮”的猜忌才是**常态**，这不免过于悲观了，但可以肯定的是，人人都是独立的个体，有距离是必然的，但如果有**共同的目标**，能够**相互欣赏**、**包容**，就能尽可能地缩短人与人之间的距离。当人与人之间达到了一个适宜的状态，“友谊的小船”就能划得又稳又远了。

谁是你的Soulmate?

这里有8处不同，
你能找出来吗?

年轻人中间，总是有些流行词汇，Soulmate就是其中之一。《牛津词典》对Soulmate的解释是这样的：*a person that you have a special friendship with because you understand each other's feelings and interests*（一个与你有着特殊友谊的人，因为你们了解彼此的感受和兴趣）。相比于这么理性的阐释，人们更愿意接受它的直译——心灵伴侣——这就舒服多了，包含了精神层面的高级追求，也就是中文词汇里的“知己”。但不得不说，“知己”这个词“自私”了一些，为什么不是“知彼此”呢？貌似只有面对敌人的时候才会说“知己知彼”，但目的却是“百战不殆”。

我们愿以对方为“知己”——走进我们的心里，但又怕对方太深入，最终被对方“百战不殆”。那就保持合适的距离吧，让身处某种关系中的我们尽可能地**收放自如**，让距离成为我们保护彼此的**屏障**。

世界上不存在两片相同的叶子

若被问到你因为什么和Ta成为朋友？或许很多人的第一反应是：因为我们很像！喜欢同一款咖啡、喜欢同一个明星、来自同一座城市、是同一个星座……甚至仅仅是因为喜欢同一道菜。这或许可以成为相交的契机，但要产生真正的“友谊”，恐怕还是不够的。

近些年来在年轻人中间比较流行的MBTI（Myers - Briggs Type Indicator，迈尔斯–布里格斯类型指标）便是很好的证明。

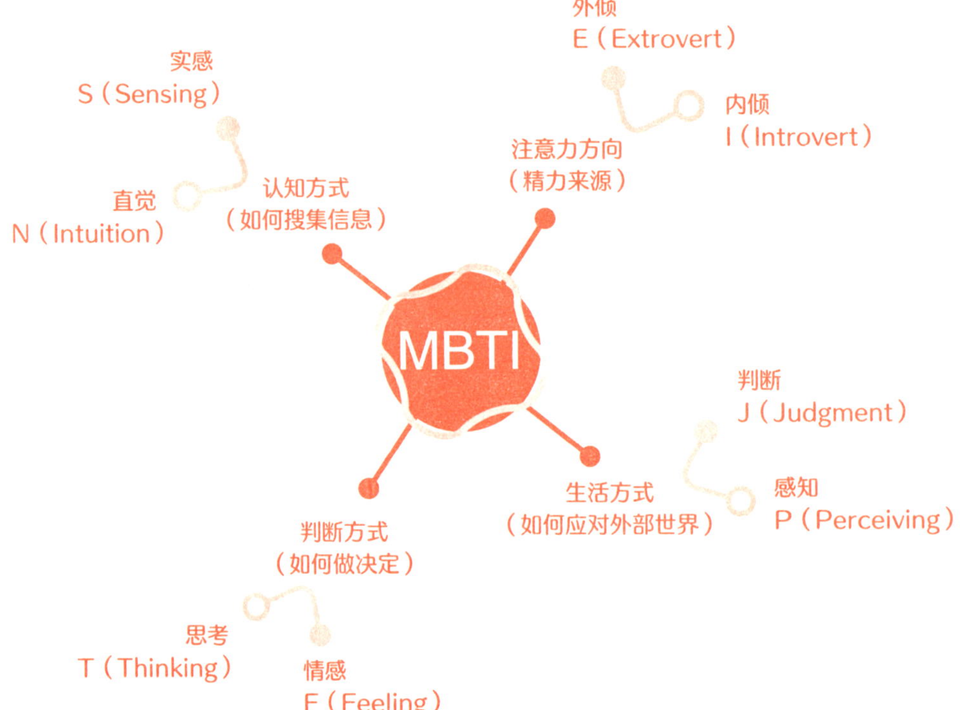

有趣的分型，还有很多呢。
你属于哪一类？或者哪一类都不是？

ESTP —企业家型人格
ESFP —表演者型人格
ENFP —竞选者型人格
ENTP —辩论家型人格
ESTJ —总经理型人格
ESFJ —执政官型人格
ENFJ —主人公型人格
ENTJ —指挥官型人格
……

ISTJ —物流师型人格
ISFJ —守卫者型人格
INFJ —提倡者型人格
INTJ —建筑师型人格
ISTP —鉴赏家型人格
ISFP —探险家型人格
INFP —调停者型人格
INTP —逻辑学家型人格
……

这个指标以瑞士心理学家卡尔·荣格对人格划分的8种类型为基础，加以扩展，形成了四个维度——注意力方向、认知方式、判断方式、生活方式。四个维度如同四把标尺，每个人的性格都会落在标尺的某个点上，对应着个体偏好的差异。作为时下流行的一种心理测量量表，它的效度可能还需要更多的样本数据，但其广受拥趸在一定程度上说明了大众对其的认可。

人类的性格、情感是多种多样的，“自我认知”尚且是每一个人一生的“重大课题”，只靠着量表里的“条条框框”分析自己和Ta肯定是不现实的。和其他心理学量表一样，MBTI只是给我们进行心理分析及干预的时候，提供了一个角度、一种手段。

大量数据表明，大多数人和朋友的MBTI都是不同的，外向和内向、理性和感性、喜欢随心而行和喜欢条理清晰，无论怎样的人都可以成为朋友，这和我们在日常生活中的朴素认知基本上是一致的。

“相似”是开启友谊的契机，“互补”也有可能是哦，“距离”并不会约束友谊，相反，它还会为友谊保驾护航。

差异和距离感是无法被忽略的

在任何一种关系里，“距离”都是一种客观存在。不会有完全相同的两个人，更不可能有人能把自己完全嵌套进另一个人的生活。因为不同，所以彼此都需要专属于自己的空间，让专属于自己的特点、爱好、性格发芽、生长。

承认个体之间差异的客观存在，是开启友谊的前提，不用自己的标准去**苛责他人**，也不因为别人而**放弃自己**的所爱。“同频共振”并非是在一个空间里，迈着完全一样的步伐，而是能够用心地陪伴着彼此，走在也许并不相同的路上，在需要彼此的时候相互陪伴，在由这段友情带来的安全感下，更加坚定地走向自己所期待的未来。

“合得来”是更好的指标

人际关系的衡量标准总是很难用准确的语言描述出来，因为并不存在一个通用的，或者说是万能的衡量公式，这个标准总是随着不同的人的不同特征、不同需求而有所变化的。比起过分地执着于追求“相同”“亲密”，或许“**合得来**”才是一个更加恰当的标准。

荣获奥斯卡最佳影片奖的电影《绿皮书》（*GREEN BOOK*）里，保镖托尼和钢琴家唐就是个很好的例子，他们无论是种族、出身、生活环境还是个人经历都截然不同，但两人却在一路的旅行中逐渐理解，接纳了彼此，成了挚友。

在相处过程中，若是一味地想要迎合对方改变自己，或者自以为是地改变对方，刻意追求“一致”，恐怕等在前面的就只有分道扬镳这一条“死胡同”了。

招之即来，挥之即去？

有人觉得真正的朋友保持距离就是“招之即来，挥之即去”，通俗些讲，就是“因为，咱们是朋友，所以，需要的时候你**立刻出现**，方显情真意切；不需要的时候你要**贴心消失**，才是互不打扰”。持反对意见的人则说这是“用人脸朝前，用不着脸朝后”，根本就是为自己的自私找借口，这样的人就是垃圾朋友！

你看，大家的看法总是这么“千差万别”。其实，有这样想法的应该只是少数的、想法比较极端的人，大多数的人不仅希望有个全心付出的好友——最好是“Superman+霸总+哆啦A梦+忠犬”那般的，但同样会有所付出，毕竟爱也是一种本能，一种源于自我的投射，我们会在**爱与被爱**的过程中，使我们对自己的认同得到满足。

被“憋死”的友谊

1886年，秋天，巴黎，高更与凡·高相识于微时，失业与受挫的爱情同时折磨着凡·高；大他五岁的高更此时也正在被穷困潦倒，无法照顾远方的妻儿而绝望自责到想结束生命。高更曾经称赞了凡·高的一幅《向日葵》——对于凡·高而言，向日葵是“属于自己的花”，除了他偏爱的黄色之外，向日葵也隐喻、象征着他的信仰——似乎就这么简单，从此，凡·高将高更视为自己的挚友和导师，认为他是除了弟弟提奥之外最懂他画作的人。

他们讨论艺术，他们互换自画像，一切都很美好。

1888年，凡·高在弟弟提奥的资助下，到了阳光明媚、色彩艳丽的南法普罗旺斯区的小城阿尔勒——他的“心灵原乡”。他热情地邀约高更，并为他重新装饰了房间，手绘了墙壁上的装饰，还挂上了三幅自己最喜欢的《向日葵》，甚至还特意为高更购置了一把带有扶手的核桃木座椅、一张核桃木的大床（这张床花了他150法郎。要知道，那时提奥每个月给凡·高的生活费只有100法郎，房租也仅仅是每月15法郎）。

高更的到来让凡·高无比愉快。他对高更嘘寒问暖，甚至高更作画时，他还会主动帮高更拿画板，调颜色。甚至在夜深人静之时，他还会在高更的房门口徘徊……

对于凡·高的**热情**，高更却越来越**不自在**。其实，阿尔勒并不是高更的“心灵原乡”，巴黎出生的他听不懂普罗旺斯方言，他觉得那里死气沉沉，充满原始野性的大洋洲的小岛大溪地才是他的最爱，阿尔勒只是他攒足资金的临时中转站。而且，他也并不像凡·高以为的那样欣赏他的作品，看到自己房间里凡·高精心布置的《向日葵》，高更说：“你看看自己，你又不是瞎子，那刺眼的黄色，完全是杂乱无章。”他毫不掩饰地“践踏”了凡·高的热情，还把它们都换了下来，他甚至盛气凌人地斥责凡·高：“用你的头脑作画！”

他们冲突不断，其间，凡·高曾试图用一把打开的折叠剃刀袭击高更。高更吓坏了，多次提出离开，这更刺激了凡·高。

高更要为凡·高画一幅肖像，作为礼物送给提奥以答谢提奥的资助。高更要离开阿尔勒了。

这幅画就是著名的《为向日葵作画的凡·高》，画中最为生动的是凡·高持笔的右手。晚年时的高更在忆起凡·高时还专门提到这双“白净而灵巧”的手。然而，当时凡·高在看到这幅画时，脸上的笑容却瞬间凝固了，一阵沉默后他大声怒吼：“这就是我？疯了的我吗？” 不久，深陷痛苦中的凡·高割掉了自己的耳朵。

与凡·高同住62天后，高更回到了巴黎。他创作了一个无耳的人头形陶器，脸是高更照着自己的做的，鲜血洒在脸上。他应该是真的被凡·高吓坏了。

之后，凡·高又给高更写了很多信，但他始终没有收到回复。

这对“至交好友”最终成了陌路。1890年，凡·高自杀（也有说是意外）身亡。

有人说，高更的离开是压垮凡·高的最后一根稻草，其实这话与“道德绑架”离得更近一些，谁又能说不是凡·高的激情灼伤了高更呢？！

真正能持久的关系，多少都带一点冷淡。持续高温，只会彼此熔化，过程炽烈，但一定会伴随着痛苦。乐观点儿说，结果会是浴火重生；悲观点儿讲，结果有可能是灰飞烟灭。只有彼此尊重，保持距离，留有空间，友情才能够呼吸，才能滋养我们。

容易被误解的友谊

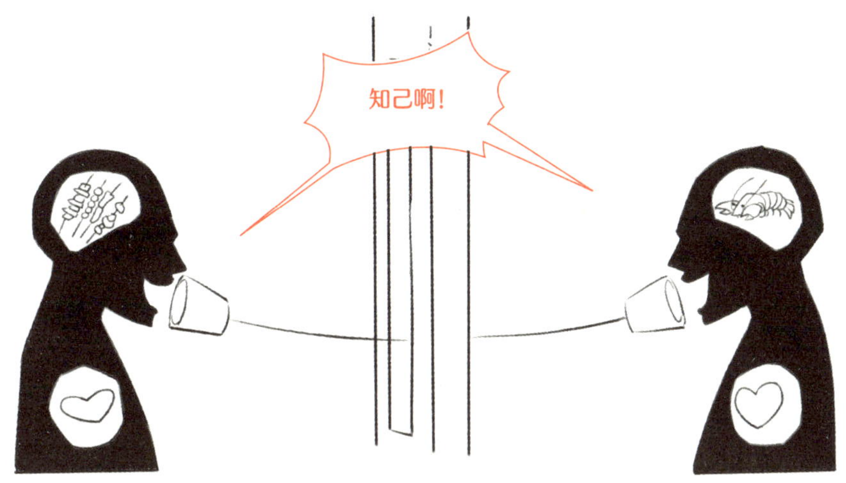

你以为Ta“仗义”，却发现不过是“流氓假仗义”；

你以为你已经为Ta两肋插刀了，Ta也一定会这么对你，但Ta却真真正正地插了你一刀；

你以为Ta是你的“好闺蜜”，却发现Ta心里想的却是“怎么才能尽早取代你”；

…………

简单地说就是：你以为你们之间是“真正的友谊”，却发现不过是“塑料友谊”！这不免让人倍感受伤。

我们常说，“**塑料友情**”意味着“**特别假，但永不凋谢**”，但实际上呢，塑料也会老化、破碎，当塑料友谊“塑料”的那一面得到验证的时刻，就是心碎一地的一刻，你可能会付出极大的代价。

在英文里，“塑料友谊”常用*toxic friend*（毒朋友）或*frenemies*（*friend+enemy*，可以直译为“友敌”，或者用“亦敌亦友”，听起来有点儿诡异）表达。和中文一样，表面上看，它们都有“友”的成分，但是敌是友难以分辨，容易被误解也就不难理解了。但向往友谊的我们怎么会放弃追求呢？所以，睁大眼睛分辨吧！然后，保持适合的距离，让真正的友谊的小船越行越稳。

舍友与网友

福楼拜曾说：生活越亲近，心离得越远。人总是自我的，距离太近，难免一地鸡毛；距离太远，少了琐事的烦扰，似乎相处起来更容易些，但常常会少了真诚，甚至要面对欺骗。舍友与网友便是这么神奇的存在。

虽然都是“友”，可它们有时候天差地别，一个是**想躲躲不开**，一个是**想见见不到**；但它们又有着同样的“属性”——友，一个因为物理距离近而可能（希望/已经）成为心灵的慰藉，做不到的时候，虽近也远；一个虽然物理距离远但成为心灵的慰藉，做到了，虽远也近。

舍友——身边的陌生人

舍友或许是我们生活中物理距离最近的一类陌生关系，需要在不大的空间里同吃同住，包容彼此不同的生活习惯，看得到对方最不加修饰和掩盖的样子。人们常会将学生时代的“舍友”与“一起扛过枪”的战友画上等号，见证了彼此最真实、美好，或是幼稚、落魄的青春，何等珍贵啊！于是，那首《睡在我上铺的兄弟》唱哭了无数“舍友们”。

但近些年来，“舍友不是朋友”这一观点却得到了不少人的认同，

甚至在社交平台的吐槽舍友相关BOT（自动推送系统）总是有源源不断的投稿，其中所写的理由也是千奇百怪，正所谓“有些人**相见恨晚**，有些人**恨相见**，有些人**见相恨**”！

甭管是个人的还是公共区域的卫生，永远和Ta没关系，宿舍里永远是臭烘烘的咸鱼味！

不管你干什么，Ta 都能来上一句“ 正好！ 顺便帮我……”

能别在宿舍抽烟吗？搞得我整天像是在孕吐！

九点就要上床睡美容觉，一点声响都会引来狮吼！

夜里两点了还在打游戏！

用的永远是别人的东西！ 自己的东西别人碰一下都要发飙！

不说脏话开不了口，偏偏又是个话痨！真想知道你是怎么和你家父亲母亲大人聊天的。

每个月干掉一瓶香水，熏得人脑壳疼，你是路易十四吗？！

看剧的时候必外放声音！

戴着耳机听歌时喜欢跟唱，从来不在调上，声音还超大！

每天煲电话粥，声音超大，两小时起步！

…………

曾经轰动一时的云南大学马加爵案、复旦大学林森浩投毒案，以及至今仍未水落石出的清华大学朱令案，都让人不免对“舍友”更加心生畏惧。

随着生活条件的日渐富足，人们的个性化程度越来越高，彼此间的依赖感越来越弱化，矛盾总是“生根”“发芽”得飞快，那些原本就不那么牢固的关系很容易就会土崩瓦解。想要建立“友谊”的愿望从未改变过，但实现却变得越来越难。

想要拥有“好舍友”一枚吗？拿出足够的**真诚**，**理解**并**尊重**Ta吧，这是不二法则！

网友——距离未知的“知心人”

常会有人说，Soulmate只会发生在“网友”之间，没有生活的一地鸡毛，没有近距离接触产生的“放大镜效应”，相处起来容易多了，最重要的是安全——不用忍受彼此的坏脾气，不用担心对方把自己的吐槽传给当事人，不用担心对方把自己的秘密四处传播……

果真是这样吗？

当然不全是！有时候，“网友”可能远在地球的另一端，也可能就是你家隔壁的“老王”；有时候，称自己是美女的网友很可能是个胡子拉碴的“糙汉”，骗了你的私密信息转头来敲诈你；有时候，你口中的“好哥哥”“好妹妹”也可能就是个专营“杀猪盘”的网络渣滓……“不要和陌生人说话”这句话在网络世界中很多时候就是至理名言。

把握距离的关键其实也是一个**博弈**的过程，也就我们常说的知己知彼。只有做到了知己知彼，才能对关系的性质以及走向做出正确的判断。虽然，听起来少了“不顾一切地奔赴”那样的浪漫，但同时一定会少了不必要的伤害。

搭子？朋友？

近几年，“搭子文化”在年轻人中兴起，而且内容越来越丰富，“学习搭子”“饭搭子”“旅游搭子”“游戏搭子”“奶茶搭子”“健身搭子”“跑步搭子”“追星搭子”……甚至还有为了抵制“加班文化”而出现的“下班搭子”。

似乎是一夜之间，年轻人的“孤独感”被解决了，友谊找到了“平替”，“万事皆可搭”。如果“常常搭”“事事皆搭”，我们就会自然地把“搭子”归入朋友圈，一旦得不到“朋友般的”反馈，便会失落、痛苦，这很容易成为一种被误解的友谊。

“搭子”原本是上海方言，2007年出版的《上海话大词典》中是这样解释的：一起打牌的人，引申为合伙者。年轻人的引申能力是超强的，现在更主流的理解是：搭子=合伙人=抱有同样目的的人。显然，“搭子”已成为人们对**社交关系做减法**的代名词，指**一种低成本的关系**——只要彼此之间准备做的事情相同，那么大概率便可以成为“搭子”。

“搭子”和“朋友”可以画等号吗？对于大多数人而言，答案或许都是“不可以”。“搭子”，一种新型的垂直领域社交关系，物理距离得到了很好的解决，被人们称为“**弱关系**”“**轻社交**”，比朋友关系更为临时、更浅，比普通同事（同学）关系更为规律、亲密。

有人说“搭子越多越孤独”，因为这毕竟是一种自我满足感超强，但缺乏相互信任的人际关系。我们的情感需求是多元的，轻社交、深社交都有存在的合理性，适当的距离让人们之间得以相互陪伴，但又互不打扰；相互需求，但又不耗费情感精力。而且，轻社交也有可能发展成深社交，正确认识彼此间关系的性质，掌握好距离和走向，轻社交也会变成深社交，同样，深社交也有可能变成轻社交。

当然，“搭子”毕竟是“临时的”关系，是“不那么熟悉的”人，结“搭子”的时候，一定要慎重筛选（多一些角度和途径了解对方）、时刻保持警觉（切不可轻信、大意），保证自己的人身和财产安全。

“好奇害死猫”这句话在这种关系的相处过程中同样适用！

肝胆相照的友情

每当我们想要赞美坚贞、美好的情谊，都会想到“肝胆相照”“披肝沥胆”这样强烈、厚重的词汇，我们不禁会想，这些成语科学吗？这样真挚的情感真的有吗？或者，这不过是人们美好的期许？

肝胆真的能相照吗？

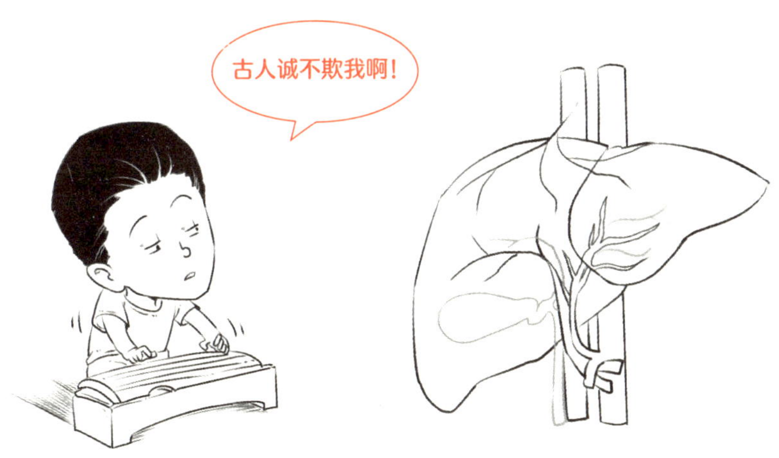

从解剖结构上看，胆囊就位于肝脏的下方，肝脏与胆道的构造与功能密切，医学上，常将它们合称为肝胆系统。其实，胆道并不是一个独立的

系统，它起源于肝脏，胆道包括肝内胆道和肝外胆道，可以说，胆道是肝脏的一个“分支”，胆囊则是胆道膨大而形成的器官。

从功能上来说，肝脏是人体最大的腺体，肝内进行的生物化学反应达500种以上，堪称人体内一个巨大的“化工厂”，胆汁的分泌就是由肝脏完成的，胆囊就是胆汁的“仓库”。

如果肝脏功能失常，胆汁的分泌和排泄就会受到影响；如果胆汁排泄出现问题，也有可能引起肝脏疏泄异常。因此，临床上有“**肝胆同病**”的说法。如果你留意下医院里的科室设置，也会发现常是“肝胆内科”“肝胆外科”对不对？就像著名评书里的“**焦不离孟，孟不离焦**”一样。

你看，肝脏与胆道（胆囊）关系紧密，你中有我，确实“相照”呢！用这种方式来比喻友谊也就愈发显得精妙了。

盘点那些“肝胆相照”的友情

之所以在提到“焦不离孟，孟不离焦”的时候，我们会说那只是评书里的，因为据考证显示，孟良和焦赞虽然在历史上都确有其人，也都是抵御辽兵的大将，但他们并不生活在同一个时代。虽是民间艺人的演绎，但这也显示出人们对美好的兄弟情谊的向往。

历史上，令人憧憬、唏嘘的美好友情很多，我们稍加盘点，看看他们的共同点吧。

管鲍之交——管仲与鲍叔牙一起做生意，分钱时，总是管仲多拿；一起上战场，管仲总是躲在后面，“明眼人”都认为是管仲“欺负”鲍叔牙。但鲍叔牙却不这样认为，齐桓公即位后，有从龙之功的鲍叔牙推荐了管仲做宰相。鲍叔牙知道，管仲多拿钱不是因为贪财，是家中有老母亲要养；在战场上畏缩不是因为胆怯，是怕母亲失去儿子无依无靠……难怪管仲会慨叹“生我者父母，知我者鲍叔牙”！

高山流水遇知音——俞伯牙善古琴，钟子期擅欣赏，总是能够准确地体会到伯牙琴中的意蕴。子期去世后，伯牙摔琴绝弦，终生不再弹琴。他认为再不会有人能像伯牙一般了解他的琴声了。

羊左之交——羊角哀与左伯桃都是胸怀抱负的贤士，听说楚王遍求贤能，便径直奔赴楚国，途中借宿时相识。不巧，道遇雨雪，衣食不足，饥寒交迫，左伯桃将衣服、食物都留给了羊角哀。羊角哀如愿被楚王重用，左伯桃却在树中冻饿而死……

肝胆相照的例子很多，我们无法一一赘述，有些感天动地，有的令人如沐春风，但从这些例子中我们不难总结出好友相处的一些不二法则：**相互理解**，**相互包容**，**相互欣赏**，**相互成全**……但我们也很容易能看到“牺牲”或是“自我牺牲”的影子。

牺牲与自我牺牲

为爱**付出**，做出必要的自我牺牲是一段良好关系的基础。试想，一个满心满眼都只是“自己”的人，哪来的真心朋友呢？！但我们不得不承认，对于大多数人来说，“感天动地”和“如沐春风”相比，我们更倾向于后者。

有人说“自我牺牲感的付出是藏在蜜里的毒药，总有毒发的那一刻”，因为从“牺牲”的那一刻起，就是不平衡的开始。做出牺牲的一方会在自觉或不自觉中产生道德优越感，希望得到对方的回馈，当这种感情强烈的时候，就会产生类似“情感勒索”的行为，令对方（极度）不适。当得不到预期回馈的时候，就免不了会因感觉吃亏而指责对方；如果是“被迫”牺牲的话，除了会产生上述的情绪，恐怕还会有“被情感勒索”的极度不适感吧。

受惠的一方则大多会产生愧疚感，当这种情感强烈的时候，甚至会使其产生背负枷锁的极度不适，一旦无以回报，尤其当对方的“牺牲”是其一厢情愿的行为，并非自己需要的时候，可能还会放弃这份令Ta倍感沉重的感情。

这也是在提醒我们，不管是“自我牺牲”还是希望对方“自我牺牲”都应该把握好尺度。友情不是我们生活的全部——我们不是朋友的全部，朋友也不是我们的全部。不论谁为了谁“两肋插刀”牺牲了自己的安全、利益、自由，甚至生命，都是不可取的。舒适、安全地相处，免得给自己和对方带来过大的压力（尤其是心理压力）和困扰，才是真正朋友间的相处之道。

既然是朋友，就要**充分为对方考虑**，不使对方陷于险境，同时也要**量力而为**，毕竟我们不仅要对朋友负责，我们还要对自己、对自己的家人负责。

第三章

距离，亲人间的纽带

《现代汉语词典》里是这样解释“亲人”的：①有血统关系的人或配偶；②比喻关系亲密、感情深厚的人。因此人们常说：亲人是父母给我们找的朋友，朋友是我们给自己找的亲人。

在这一章里，我们着重聊一聊关于“有血缘关系的人”之间相处的距离问题。

“血缘”无疑意味着“至亲”“宗族”“骨头断了连着筋”……不是应该“不分彼此”吗？但实际上，还是要分个彼此的！毕竟人人都是独立的个体。

在亲情关系中，前文所讲的距离仍是至关重要。一方面，对待家人要敞开心扉；另一方面，应当尊重每一位家人的独立性，把握好边界感。总而言之就是甭管好坏（生活、情感、财富，甚至人生），你的就是你的，别人的就是别人的！

无论是国王还是农夫，家庭和睦是最幸福的。

——歌德

界限，亲情关系的“防腐剂”

相较于西方文化中强调家庭成员之间彼此的平等与独立，东方文化则更注重家庭成员关系的融合，因此在大多数亲情关系中，我们的“距离感”常常会被忽视。在豆瓣小组“家庭关系讨论组”里的倾诉中，我们可以发现，家庭中的许多矛盾都是由于这种边界感的模糊所导致的：父母没有限度地窥探甚至干涉孩子的隐私、兄弟姐妹间缺乏距离感而认为一切都是理所应当、奇葩亲戚们种种自以为是的指手画脚……本以为应该“不分彼此”，却因为缺乏距离感而“渐行渐远”甚至“形同陌路”。

父母、兄弟姐妹、堂兄堂嫂、表姐表姐夫、亲家母亲家公、连襟的二大伯的表嫂的三小子家的二闺女……越往后亲缘关系越远越复杂，但都是**由身边最近的关系开始的**，前面提到的“连襟的二大伯的表嫂的三小子家的二闺女”，如果把关系表达完整就应该是“我老婆有个同胞姐姐，那个姑娘是我老婆的姐姐的丈夫的二大伯的表嫂的三小子家的二闺女”，得罪了那闺女，后果就有可能是得罪了一大串亲戚。

家族就是这么有趣，你看《红楼梦》里的那些形形色色的人物，同属一个大家族，但有些根本就是陌生人（比如王熙凤和贾瑞），但这一点儿不妨碍彼此是亲戚的关系。

与亲戚之间，尤其是远房亲戚，维持良好的亲情关系的基础往往是利益——有**利益往来**意味着彼此除了亲情之外还有利益需求，**共同的需求**会使关系更稳固。虽然亲情关系有可能因为利益冲突而受到影响，但缺乏共同的利益追求，亲情关系又会显得较为冷淡。看着有点儿绕，归根结底就是：血缘关系很强大，和睦相处不易，厘清界限，让亲情不变质。

谁的就是谁的（一）

美国著名心理治疗师、作家苏珊·福沃德（Susan Forward）在她的作品《情感勒索》中曾写道：在一段亲密关系中，一方希望凡事都按照自己的方式来却因此牺牲了另一方的利益。这可不是单纯的沟通不良而已，而是双方力量的较劲。这种行为就是勒索，是一种“**情感勒索**”。

这话不免让人有些遍体生寒的感觉，但细想之下又不免觉得有些道理。情感着实太复杂了，从任何一个角度切入，对同一个问题可能得出的结论都会有出入。即便我们忽略“勒索”这个刺目又扎心的字眼，在一段亲密关系中，确实界限的存在不容忽略，恰适的距离是个体之间都应自觉保持的。

谁的就是谁的！甭管好坏，兴趣、爱好、生活、情感、财富，乃至人生，谁的就是谁的！

“用自己的标准改造别人”大多数时候不过是一厢情愿的，亲人之间更是如此。还是做些两情相悦的选择，让彼此相处得更愉快吧。

如果彼此都是成年人，当你看到了问题/风险，作为亲密关系中的彼此，你必须做出及时的提醒，但Ta接受与否不要强求。

“不强求对方改变”或者说“不试图强行改造对方”应该就是这时最恰适的界限。

如果对方是未成年人，也许你看到了问题/风险，作为亲密关系中的彼此，你不仅要做出及时的提醒，还应该做出必要的引导甚至干预。如果Ta不能接受，请你首先**反思**自己的引导或干预是否合理，甚至是否正确，毕竟没有谁的想法是永远正确的；确认了方向的正确性，请你再考虑自己的沟通方式是否妥当，毕竟成年人与未成年人相比，理应掌握更多的调整方式，不要强求未成年人“懂事”“理智”“成熟”，如果这些Ta都做到了，还轮得到你吗？！

英国哲学家、数学家、逻辑学家罗素（Bertrand Russell，1872~1970）都曾说：“父亲们最根本的缺点在于想要自己的孩子为自己争光。”父母的教养之恩如山海般深厚博大，我们自当终生感激并竭力回报，但不可否认的是，其中也掺杂着他们的自私、虚荣、狭隘，于是，很多孩子活成了家长们想要的样子，迷失了自我，甚至要用一生疗愈那些难以释怀的遗憾。试试真正的“**换位思考**”吧，这应该就是这时最恰适的界限。谁还曾经不是个孩子呢，这个时候不能“忘本”哦。

如果彼此都是未成年人，参见前文“如果彼此都是成年人”，半斤对八两的年纪，“彼此尊重”是最优解。当然，遇到大是大非的问题，你解决不了的话，还是要和对方的家长沟通，请求支援的。

我们做到对自己负责尚且需要用尽全力，对别人负责这事，尽力而为就够了。当然，如果你是一个家长，对待自己的孩子不仅要像对待自己一样用尽全力，甚至更加用力——因为你给了他生命，便要尽力给他一个好的人生；因为他是独立的，所以你才需要付出更多的努力，找到更适合的相处距离！

谁的就是谁的（二）

兄弟姐妹之间、亲戚之间，如果界限不清，不分你我，结果绝对会比失去一个朋友要严重得多——可能会失去“一批”亲人，因为亲人毕竟意味着宗族关系。

由于血缘关系的存在，很容易会生出下面的矛盾：

咱可是亲兄弟，你不能见死不救啊！VS. 你都“死”了八百回了，你得先自救！

咱们谁跟谁啊！ VS.你是你，我是我啊！

你的就是我的，我的就是你的！ VS.可明明就是“我的是你的，你的还是你的”！

你小时候我妈可还照顾过你呢，不能没良心啊！ VS.这事说了三十年了，钱也借给你好几万，有个头儿没有啊？！

我是你叔叔，你就这么对我？ VS.不然呢？你能和我爸比吗？

…………

亲人间的矛盾往往和“利益”“公平”相关，世界上不可能存在纯粹的“舍己为人”和绝对的“公平”，加之相关联的亲密关系更为复杂——比如：兄弟姐妹后面还会有Ta们的伴侣、子女，堂/表兄弟姐妹后面，还有Ta们的父母（你的叔、伯、姑、姨、舅）……所以在“亲人”这个维度里，保持距离显得更为重要，无论是“熟不逾矩”还是“熟人生处”，在

这类关系中不仅同样适用，而且重要程度往往更甚，因为不利的后果会更加严重。

 莫论“牺牲”

前文讲到“谁的就是谁的”，讲得更多的是保持恰适的相处距离，不强求对方按照自己的意志做选择，但同样的是，**“自己的也是自己的”**，一切选择都是自己做出的，即便是迫不得已，最终做出屈从决定的人也是自己。在与亲人相处过程中，如果把做出这些选择的原因**加诸他人**，也就是我们常说的事事怪别人，实际上就是模糊了你和Ta的边界，也同样会使关系受到伤害，甚至是不可逆的伤害，造成彼此的渐行渐远，甚至是走向决裂。

有的人说“我是为了这个家才早早步入社会开始赚钱糊口的，我牺牲了自己的前途，现在一无所成都是家庭拖累了我”，当然，这样的事情肯定是存在的，我们对这样的朋友绝对满怀敬意，但也不得不说，对于另一

些人来说，这不过是Ta为自己当下的窘迫（落魄），或是为自己随后提出的要求（比如：你们现在得补偿我、帮我买房结婚、出资帮我创业……）找的一个借口。模糊了边界，“侵占”或者说通过“道德绑架”获取利益便似乎显得“理直气壮”了。这样的“牺牲”不令人生厌才怪。

这其中，亲子关系尤其明显。

我们常会听到有人这样说：我牺牲了自己的幸福、我牺牲了自己的事业、我牺牲了自己的时间、我这么努力赚钱都是为了你……这，难道是你想让Ta为“你的牺牲”买单吗？买单的方式是什么呢？服从？屈从？同样的牺牲？

如果真的是这样，我想，以牺牲昭示自己的爱，大多也只是为了让Ta因为你的爱而牺牲，那只能说，你的牺牲里没有爱，你所谓的“因爱而牺牲”就是一个彻头彻尾的谎言！

前面我们也讨论了友情关系中关于“牺牲与自我牺牲”的问题，其实，在这两种关系中，甚至在同事、同学等工具型社交关系中，“牺牲与自我牺牲”所导致的问题大同小异，只是由于关系的亲疏不同，后果的严重性有差异罢了。所以，让我们在亲情关系里认清自己的情感、行为边界，与亲人们和谐相处，共同营造美好的亲情关系吧。

在亲情中找到舒适区

在友情或是爱情的维度，人们可以**自由地选择**自己感到舒服的人建立较为亲密关系，但在亲情这个维度，由于它所具有的**不可选择性**，所以找到让自己感到舒服的相处模式显得至关重要。原生家庭会成为无数人一辈子的困扰，究其根本，大多是因为无法找到其中的舒适区。

舒适与自如，通常会表现为对追求完美的释然，放下**不切实际的高期**

待，在倾尽全力的同时，做到顺其自然。

这是很难的，毕竟一旦投入了时间与金钱成本，便无法放下对于成果的期待，而且，自然是越高越好，“怨憎会”与“求不得”随之而来，使得自己始终无法真正找寻到舒适区，而是陷入了没有尽头的**自我内耗**。

反之，有些人，尤其是不少90后、00后们，坚决维护自我边界的Ta们走入了另一条“极简”之路——**断亲**。这种边界感清晰的生活让Ta们感觉少了被打扰、少了被裹挟、不用虚假地客套、不用接受无谓的品头论足……总而言之，就是“自在”和“自由”。但凡事都有两面，当Ta们享受着**自由自在**的同时，缺少了前辈们所拥有的**宗族归属感**，需要帮助时产生的“孤独感”“无助感”也会令Ta们困扰。尤其是，当Ta们的角色发生了重大变化，比如成家了，为人父母了，大多数人会在那些时刻瞬间经历了又一次成长，亲缘被唤醒。

无论是“断亲”还是“认亲”，都是双向的奔赴，把握好距离，在亲情中找到舒适区，别断了不该断的，认了不必认的。

家人间最好的关系是朋友

美国著名社会学家威廉·古德（William Goode）在其《家庭》一书中写道：家庭是一项社会发明，其任务是将**生物人转化为社会人**。这也就是我们所说的**人的社会化的过程**。人终究是要走出家庭的，社会化是不可避免的，所以家庭与社会永远不可能完全分开，“这就是家里的事”“这纯粹是社会造成的”这样的说法有多片面相信大家都有判断。因此，“最好的社会关系”与“最好的家庭关系”通常是一样的，“朋友”这个选项是绝大多数人的最优选择——和父母像朋友一样相处、和孩子像朋友一样相处、和兄弟姐妹像朋友一样相处、和伴侣像朋友一样相处……

上图中的情况，相信无论是年轻的朋友还是家长可能都遇到过，换一种沟通方式，或许彼此接受度都会高得多。作家李娟曾在她的散文集《记一忘三二》中写道：

> 我妈这人吧，交个朋友还是蛮不错的。做母女，实在艰难。若我们俩是夫妻，早就离婚几百次了……绝交就绝交，两人都乐得清静……又心怀侥幸，万一明天就和我妈和好了呢？

往后看才发现，这闹得几乎要绝交的“大事件”不过是因为冰箱里残羹剩饭的去留问题。

当然，母女自然是不能因为这个绝交的，但“正确的”母（父）女关系应该是什么样的？“正确的”朋友关系又是什么样的？恐怕是难以用固定的标准去定义的，通常取决于我们内心的感受，是否觉得舒服是“硬指标”却也是“最软的指标”，距离的拿捏恐怕是其中最重要的一个方面了。

因为血缘关系的存在，广被认可的那句“**亲人是父母给我们找的朋友**”常让我们觉得多了几分疏离；因为没有血缘关系，“**朋友是我们给自己找的亲人**”让我们觉得难以企及。我们不难发现，在这样矛盾的想法中，“朋友”才是核心，它如我们想象中最理想的关系“**亲近地保持着距离**”，不会觉得有负累，又可以让我们的情感有停靠的港湾。

亲情不是越界的“挡箭牌”

在任何一种关系中，最基本的“界限”都是隐私。越的第一条界通常就是隐私这条界。

但当我们把隐私权这件事放在家庭中进行探讨，似乎就变得复杂起来，家人被视为所有关系中最亲密无间的“血肉至亲”，同时在孩子成年以前，父母对于孩子有监护权，这也使得隐私在家庭的维度上变得有些复杂，界限变得难以界定。

尤其对于一些观念较为传统的父母而言，“你是我们养大的，你的命都是我们给的，养你这么大容易吗？！长大了，翅膀硬了，开始和我们讲隐私了？！”这话无疑是他们的利器，让人难以反驳又没办法接受。

父母给了孩子生命，为孩子的未来悉心规划、尽心培养，这份父母恩情难以用世间的任何标准衡量，相信每一个孩子都没齿难忘。但是，这肯定不能成为阻止孩子“成为他自己”的原因，尤其被称为“Z世代”的00后们，“**领地意识**”强烈，想“阻碍Ta们成为自己”？绝对会给你好看！

谁曾经还不是个孩子呢？想想自己的过往，相信每一个为人父母者不难理解。

放下过分的关心

过分关心往往发生在家长与孩子之间，在兄长、姐姐与弟弟、妹妹的相处过程中也有可能发生，原因和解决之道大体是相同的。

当你紧握拳头，手中什么也没有；
你松开十指，却能拥有整个世界。

在亲情关系中，对隐私的窥探首先是源于交流不畅，孩子越是不愿讲，家长们越是想知道，因为家长总是会觉得孩子“隐瞒”的那些一定是“大事情”，那些“大事情”太重要了，一旦行差踏错就会贻误终生；其次是由于家长对孩子能力的不信任，总觉得他们还小，解决不了“这么复杂”的问题。作为父母，“帮助”Ta们解决问题天经地义。

殊不知，这便是“越界”的起点——自以为是地揣度孩子的想法和能力，**一厢情愿**地“帮助”Ta们解决问题，孩子很有可能被误读、被误解、被低估，进而被“不那么正确地”帮助，如此一来，怎么可能不起冲突，影响关系的和谐呢。

其实，如果换一个角度，以平等的朋友的视角、以“**换位思考**”的方式、用轻松的心境去沟通，解决起来是不是更容易些呢？还是那句话，谁还曾经不是个宝宝呢？

放手≠失控

在电视剧《小欢喜》中，陶虹饰演的宋倩是一名单亲妈妈，女儿英子就是她生活的全部，英子要走的每一步，她都规划好了，不能也不允许有半点儿差池。装修时她为女儿的房间配置了隔音墙和透明玻璃，而且透明玻璃正对着写字桌，上方的窗帘只能从外面拉开，这意味着——英子能听到什么、看到什么，由她决定，而她需要随时知道英子在“自己的房间里”在做什么，英子在她面前是透明的！相信很多人在看剧的时候会感觉毛骨悚然，而宋倩这么做的原因只是“我这是为你好”。当然，宋倩行为背后的原因很多，我们就不一一讨论了。

然而，不能全面掌握就意味着失控吗？这是不少人的顾虑，尤其在亲子关系中，家长们总是会担心，似乎自己的一个不留神就会使孩子滑入万劫不复的深渊，于是，“放手”成了奢求，刺探、掌握成了给自己安全感的“保障”。

其实无论在哪一种关系中，甚至在任何一件事情上，都没有什么是绝对的，没有绝对的自由，也没有绝对的掌握，一切都有适合的尺度。

“放手”不是放弃，不是不管，不是放纵，不是放任，不等于失控，它是一种基于孩子天性的自然的“**成全**”。“成全”的过程中，就需要家长做一个合格的“**陪练**”而不是“**代驾**”：在他需要的时候提供帮助物质及情绪价值，在他辨不清方向的时候给他恰当的引导！适时“断奶”，接纳分离，保持距离，才是爱的正确方向。

隐形PUA

亲情关系的特殊性体现在它是一种由血缘所造就的“切不断”的关系，彼此之间深度参与对方的生活，共享同样的物质、空间以及情绪生态，因此，彼此之间的边界更容易被模糊。

除了对隐私的过分窥探外，“越界”的另一种常见表现方式就是“你是我的！”——视对方为自己的附属品。

这种貌似亲密无间的关系，实际上是一种极大的越界。本质上讲，Ta已经将自己视为对方的拥有者，相生相伴的通常是“支配”。夫妻之间、亲子之间都有这种可能。

通常，这种关系会披着“爱”的外衣，比如“我们彼此拥有”“我也会同样地待你”“这是因为我太爱你了，你还不够好，没有我你会犯错误的”“你做得远远不够，必须这样才能证明你爱我”“我所做的一切都是因为爱你，你爱我不如我爱你深，我只有你了，你不能辜负/抛弃我”……但习惯了做“主人”去支配对方的人，无缝转换为“被支配”的角色，没有那么容易，甚至可以说根本就是个“谎言”，这看起来是不是很有PUA的影子？

在亲情关系中，这种隐形PUA还是比较常见的，这几乎是一种全方位的对对方的“入侵”，可能是因为对关系缺乏安全感，也可能是因为掌控欲太强，或者是因为对未来过于焦虑……原因很多，但结果殊途同归——破坏本应和谐、温暖的亲情关系！

解决方式——有独立的思想，成为独立的自己，保持自我边界，拒绝“越界”！

“嫁接式”的人生，遗憾的叠加

在中国式的家庭中，“嫁接式”的理想近乎一种常态：

父母小时候因为家境不好/教育资源落后/老师水平太差/同学欺负自己/自己的父母思想落后，没给自己报课外班/分数被判低了/自己不够努力……以致学历低，所以现在才会没有社会地位/工作不理想/薪水太低/被亲戚看不起/邻居家的狗见到自己会狂吠……所以，现在父母为你提供了所能提供的一切，作为孩子的你，必须完成父母未达成的心愿——考上理想的大学/找到理想的工作/赚到足够的薪水/有一定的社会地位/让我在亲戚们面前有面子、有里子/邻居家的狗见到自己要不停地摇尾巴……

又比如：我是因为身体不好/被领导针对/要照顾家……才没能升职/加薪……所以，亲爱的，你一定要做到，才不枉我这么信任你/“辅佐”你！

再比如：我需要钱，但我没有，你应该（借）给我，你不给？你根本没把我当家人！你没有？那你太失败了，怎么能这么失败呢？你应该有！……

这样的例子不胜枚举，总结一下就是：我没做到的/我做不到的，你上，而且必须做到！不想做？做不到？那错的一定是你！

在有的家庭中，甚至上哪所学校、学什么、找什么工作、做什么、什么时候结婚、和谁结婚、怎么结婚、要不要孩子、要几个孩子……都要被决定，原因通常很粗暴：我们是亲人，你怎么忍心让我有遗憾！

这种“嫁接式”的亲情关系已经不仅仅是“越界”了，称其为完全忽略了距离的“侵略”也许更恰当，如此，遗憾势必会逐渐被叠加，生活怎么能不沉重呢？

解决方式——做独立的自己，让自己的遗憾终止在自己的人生。

做“合格”家人的前提，是做独立的自己

什么是“合格”？其实，是没有固定标准的。

觉得自己是个很合格的父/母，但孩子能说出一百个Ta甚至无法反驳的不足；

男人觉得自己已经是“宇宙无敌”“天下第一”好丈夫了，他的妻子却恨不得立马转身就走……

任何一个人都不可能满足其他所有人（包括亲人们）的需要，所以，先把自己做好吧！

谁谁的爸爸/妈妈，谁谁的孩子，谁谁的兄弟/姐妹，谁谁的老公/老婆，谁谁家的儿媳妇/女婿……这些可以说是我们的又一重社会/家庭属性。这些“标签”固然重要，但也在提醒着我们要担负的责任和义务，我们首先要是“我”，做好“我自己”才能让上面所说的那些“标签”有所依持。

我（王大锤 Cindy Wang）

当你为了“鸡娃”而放弃了工作、事业，为了满足家人的愿望而压抑了自己的理想，为了成全另一半成了“家庭主妇/煮夫”，为了家人的利益让自己的生活一团糟……“不情不愿”又觉得“不得不”，那样充满被迫与不甘的生活，一定会过得无比辛苦。当孩子、父母、兄弟姐妹、另一半……都“得偿所愿”了，或者你忙活了半天，Ta们也未能“得偿所愿”，你该怎么办呢？那个“你”还存在吗？恐怕剩下的就只有“怨憎会”和“求不得”了。

请你坚信：只有保持适当的距离，你是你，才有可能真正“成全”他们！

反过来讲，如果你为了自己的事业发展、为了成全自己的孝心、为了在亲朋好友面前有“面子”……而让自己的爱人、孩子、兄弟姐妹，甚至是父母做出牺牲，这何尝不是突破了关系界限，让他们失去了自我呢？

请你坚信：只有保持适当的距离，你是你，才有可能不成为他们人生的“破坏者”。

我与Ta们

在友谊、职场等工具型社交关系中，边界感相对会比较容易被理解和认可，被遵循的程度也更高，但在传统的中国式的亲情关系中，边界感或多或少会显得有点疏离——那样也太“生分”/“失职”了！这也是很多家庭关系因此而欠融洽又不愿修正的一个重要原因。

情感是多样的，环境是多样的，亲人们的性格是多样的，显性或隐性的矛盾更是多样的，最重要的是，我们的角色是在变化中的：十年前处于叛逆期的你和父母“斗争”，二十年后的你，也许不得不和叛逆期的子女“斗争”。因此，边界的内容、尺度都会有所不同，但原则应该是差不多的。

亲情是血脉相连的感情，是上天给众生的珍贵礼物。但有时候，亲情也是我们**最沉重的负累**，所以才会有“最亲的人伤我们最深”的喟叹。一杯茶从浓到淡，加几次水就完成了，亲情从浓到淡，同样也许只是几次“切肤之痛”的结果。

亲情是我们与这个世界密切关联的见证，谁都不想失去。但人非圣贤，谁身上没个“短板”呢，很有可能你的“短板”恰恰是你的家人最渴望的“长项”。于是，渴求、误解、不公平……随之而来，边界的有无与大小并不会如人所愿，那，想要相对舒适的亲情关系该怎么实现呢？

“爱谁谁”肯定是不行的。想要缩短彼此的距离，保持“最合适”的距离，那就来一场双向奔赴吧。如果Ta不肯奔向你，那你就先奔向Ta试试，亲人之间不要说什么“凭什么要我先”，就凭“是亲人”！实在不行的话，咱就走自己的路，越走越远也无所谓，至少我们努力过了，和有些亲人，“远远的”也许就是最合适的距离。

与父母

虽然未经我们同意，父母把我们带到了这个纷繁的世界，但没有他们的“任性”与难以衡量的物质和情感的付出，我们怎么有可能体会这大千世界的精彩呢？和父母相处的基础一定是抱持一颗**感恩的心**，有了这个基础，和睦相处才有可能。

当我们还未成年：父母是我们的监护人，他们人生阅历远比我们丰富，多听取他们的意见，如果不认同，那就表达出来，只要大家都讲理，“理越辩越明”，俗话说就是好好沟通，诚实、坦率，别赌气。

当我们成年了：多读书、多思考，建立健康、完善、独立的认知体系，听取父母的建议，但不要盲从，尽量不屈从，父母的意见不一定都是正确的，要理智分析做出正确的判断。难以达成一致的时候，好好沟通吧。踏入社会后切记：第一，你的社会角色更加多元，要做适当的调节，比如，以前你只是父母的女儿、弟弟的姐姐，但现在，你可能还是老王的妻子，大宝二宝的妈妈；第二，经济独立是你人格独立的重要基础，减少依附，会使距离能够调整到更适合你的距离。

当父母步入老年：我们会成为他们的监护人。想想我们小的时候——父母走到哪里都会带着我们，听着我们喃喃的童言童语——尽量缩短物理距离吧，多陪伴、多倾听，不纠结过往所有的不愉快，尽量拉近心理距离，一定会让你少些后悔。

与子女

父母“任性”地将孩子带到了这个世界，不管之前做没做好准备，孩子们的降生是源于父母，那就好好地爱他们。和子女和睦相处的基础一定是“**孩子是我生的，Ta是Ta自己的**”，有了这个思想基础，无论你是贫是富、地位是高是低，父/母爱才有可能是伟大的；如果认为“Ta是我生的，Ta是我的”，那便成了“占有”，不仅“伟大”无从谈起，在“自私”的基调之下，甚至连“爱”也无从谈起。

与子女相处，不论Ta是否成年，**理解**和**尊重**就是最好的距离。

只要我们善于学习和真正地“换位思考”，所谓的“代沟”不是问题。任何一个父/母，都曾经是孩子，当你和孩子产生冲突的时候，想想曾经的自己，或许就能更好地理解自己的孩子了。

别做孩子人生的驾驭者，做Ta一生的好“**陪练**”也并不容易。想要给Ta们更好的意见、建议，首先自己要能做出正确的判断，先“鸡”自己吧——物质、精神都别落下，成为更好的自己才能成为更好的父母。

每个人都是独立的个体，狭窄的空间里是长不出参天大树的，也不会有两条完全相同的成长轨迹，给Ta充分的成长空间，尊重Ta的选择，Ta一定会给你惊喜。

与兄弟姐妹

打虎亲兄弟，上阵父子兵。说起来，兄弟姐妹是我们在这世界上除了父母、配偶、子女外最亲近的人了。兄弟同心其利断金！可惜的是，兄弟反目的“戏码”也不少，而且多是源于利益的冲突。

打虎亲兄弟

亲兄弟明算账

某种意义上来说，兄弟姐妹间的竞争和其他关系中的竞争比起来，也许还会更激烈一些。在其他“弱关系”里，竞争归竞争，争不过的时候，大可以换个路径，但兄弟姐妹不同，他们争的是相对固定的、有限的家庭资源，结果只有两个——争到（或多或少）和争不到，想要和睦相处就显得更加不容易，但血缘的存在又使得和睦相处相对容易得多——戒除贪念（想要更多），平和心态，就够了。

父母的是父母的，兄弟姐妹的是兄弟姐妹的。如果你得到了，不论多少，都是你额外所得，要懂得**感恩**；如果你没得到，别伤心，你并没有**损失**什么。

当你戒除了贪念，你的心态才能真正平和，不再关注Ta的钱财，不再关注谁得到的关注更多。于是，平等、尊重、关爱、理解、包容、支持都有了来处。这时，距离大致就是合适的了。

与亲戚

在所有的亲情关系中，亲戚关系通常是相对较弱的。亲戚间相互的关联度相对较低，通常更接近于**普通的社会关系**。

好亲戚就像好家人，像家人那样相待准没错！

讨厌的亲戚和社会上你讨厌的那些人一样——会窥探你的隐私、会背后说你的坏话、会嫉妒你的富有、会嫌弃你的贫穷、会想尽办法占你的便宜……甚至**更讨厌**。因为与Ta们是亲戚，或远或近有些血缘关系，一旦不睦，伤害往往比想象的要大。所以，对于这样的亲戚，还是离远些比较好。

与亲戚相处，不必因为是亲戚就一味迁就，最合适的距离通常就是：真诚相待，**各求自在**。

听听老话儿是怎么说的：

咱富裕/地位高，咱不显摆，自己吃肉，也要适当分享，吃独食毕竟招恨不是？而且，毕竟是亲戚，有能力的时候帮一把，赠人玫瑰手有余香，说不定会有意外之喜。

人家富裕/地位高，咱不眼红，帮衬咱们，是情分，要懂得感恩；没帮衬咱们，是本分，人家没有那个义务，即便是亲戚也一样。

咱不富裕/没地位，咱自己努力，别怨天尤人，没人欠咱的，包括父母，更何况亲戚，只有自己的才是自己的！

人家不富裕/没地位，咱不拿白眼儿看人家，人家一没抢咱家的米，二来，或许人家有的咱还没有呢，没必要的对比是真没必要。而且，莫欺少年穷，不仅是少年，谁还没有个山高水低、马高镫短的时候呢！

亲戚之间，关系再好，也要保持适当的距离，别想着占人家便宜，也别因为这层关系毁了自己的生活。和和气气，适当的彼此帮衬才能使这种珍贵的情谊长久下去。

第四章

距离，爱情的“保鲜剂”

“我如果爱你——绝不像攀援的凌霄花，借你的高枝炫耀自己……我必须是你近旁的一株木棉，作为树的形象和你站在一起。根，紧握在地下；叶，相触在云里。每一阵风过，我们都互相致意，但没有人，听懂我们的言语……仿佛永远分离，却又终身相依……”虽然，舒婷说这首《致橡树》并非一首爱情诗，但大多数读者还是更愿意把它当作爱情诗来欣赏。诗中女性独立、笃定、热烈、绽放的风采令无数人动容。

对于大多数人来说，既“渴望彼此拥有”，又“渴望相互独立”，想要同时被满足，所以才会有“离得越近，越想逃离”“离得越远，越难接近”的感叹，也有“离得太远是遗憾，离得太近是灾难”的调侃。

也许有些朋友会说“我就是我，有缘则聚，‘经营’这事太累，与我无关”。有个性，洒脱，自是没错，但实话实说，面对曾经心心念念的爱人，真正能轻轻拿起又轻轻放下的，能有几人呢？

在通往幸福的路上，我们总是找得异常辛苦，结果却不如人意。那，有没有一条近路呢？一定有，而且，不止一条，“保持恰适的距离”或许就是其中较优的那个选择。

就是神，在爱情中也难保持聪明。

——培根

爱情也会因为距离而“腐败”“变质”

日本心理学家加藤谛三在《人际舒适心理学》里写道：处理不好人际关系的人，会有找不到自己的感觉，人生的幸福感也会大打折扣。

爱情里的幸福感更是如此——原本两个完全不相关的人，因为爱情，进入了甚至比血缘至亲更紧密的关系，何等奇妙！何等珍贵！但是爱情也有着与其他感情相同的一面——易变。没有任何一份感情是可以长久不变的，但我们怎么会舍得爱情发生变化！

如果你被蒙住了双眼，尽管Ta就在你眼前……

距离太近的爱情，有可能像炎炎夏日密封袋里的桃子忘了放进冰箱，难免会腐烂，散发出“爱情的酸臭”；而距离太远的爱情，则有可能像挂在寒风里被遗忘的那一篮子美味，被风干而失了味道，让人兴味索然。

爱人的终点是亲人吗？

电影《一声叹息》里，在关于两性关系的探讨方面，编剧王朔贡献了很多的“金句”：

剧中梁亚洲对妻子宋晓英说：

> ……我摸着你的手，就像摸我自己的手一样，没有感觉，可是要把你的手锯掉，也跟锯我的手一样疼。

梁亚洲和情人李小丹约会，在酒店遭遇警察查房：

> 警察：你们什么关系？
>
> 李小丹：他是我爱人。
>
> 警察：爱人？“爱人”这个词在法律上无法确定，太含糊。法律只承认夫妻关系。
>
> …………

这些话戳中了很多人的痛点，有人说，“当爱的激情不在，夫妻会变成亲人，平淡是必然结果”。也有人说，“爱和不爱都是背叛者的借口，**不同的只是对象**，擦亮你的眼睛吧”。当然，还有很多不同角度的解读，但爱人的终点真的是亲人吗？

按常理说，不是！亲情有血缘作为天然的链接纽带，即便走到终点，亲人还是亲人，不会因为关系的断绝而断了血缘；爱情的维系则单纯是依靠情感，情感是会发生变化的，一旦走到终点，散了就是散了，说到底，它只是一种法律关系。有人说孩子是维系爱情的纽带，但更多的人认为，通常，孩子维系的不过是“关系”而已。

我们与爱人和亲人的距离是不一样的，每个人的答案也不尽相同，这是个需要用一生去探索的问题。

离得越近，越想远离

在这首魏晋时期傅玄的诗作《车遥遥篇》里，小女子相思如酒、小鸟依人的感觉呼之欲出。如果两情相悦，这一定是幸福的牵绊。但从另一个角度来看，如果一个女子（男子也同样）说希望自己像影子一般伴随着自己的Ta，还希望Ta最好一直伴光而行，好让影子（自己）永不消失。无可遁形的感觉，听起来是不是有点儿恐怖？

话虽这样讲，但对于热恋（婚内或婚外）中的人们而言，谁不希望和Ta更多地相处，一起吃饭、一起逛街、一起旅行、分享生活的点点滴滴……一起去做所有事情呢？这就是我们常说的“上头”了，但这种感觉

的前提多是“**新鲜**感”。随着距离的越来越近，彼此身上的神秘感会逐渐消失，各种“不足”会越来越多、越来越清晰地展现出来，有些对方能接受，有的则不能，当然，还有可能被“**更新鲜的**”感觉所吸引。所以，对于有些情侣而言，同居或是结婚被称作“**分手加速器**”。

在《Lens》杂志里，讲述了一对相伴了38年的夫妇——妹尾河童和茂子的故事，河童老先生说：“……夫妻之间的关系不该是‘人’字形，应该是‘H’形，双方都是独立的，中间有个横杠，这个横杠可以是爱情，可以是亲情……即便这个横杠倒了，两个人还是能各自独立站着，谁都不会倒。我们两个并不是互相搀扶、依靠的，而是独立平行的。”

离得太远，也许真的就散了

这里所说的离得远，并不是单纯地指**空间距离**上的远，比如异地恋、异国恋之类的，准确地说，指的是**过分强调独立**，缺乏关联，造成彼此间的疏离。这样的状态在如今强调个性、强调独立、强调自由的大环境下，有越来越流行的趋势。“两头婚”算得上是这种关系中的“极品”了。

据说“**两头婚**”这种形式最早在我国江浙一带开始流行：结婚时不需要彩礼和嫁妆，也不需要准备共同的婚房，结婚后仍然各自独立生活，是否共同生活双方沟通决定，孩子也通常会有两个（以上），姓什么由双方共同决定……如此，男人不必承担娶妻的经济、社会压力，女人也不会出现“嫁出去的女儿泼出去的水”“自己生的却是别人家的娃”的尴尬。但不管怎么看，这样的关系里少了些爱情，甚至连温情都显得很少。

确实，这种婚姻形式的出现就是因为有些人认为“婚姻本质上是一种**契约**，跟爱情的关系基本不大”。契约只是表明某种关系的文书，期待它有温度、有感情，甚至有爱情的成分，的确“过载”了，不是对婚姻怀有朴素感情的人们所能接受的。

选择这种婚姻形式的人一定不会太多，一来，更多的人还是相信爱情的；二来，世界上哪有绝对公平的事呢？比如，共同生活期间的账算得清吗？孩子生几个、哪个姓什么，谁说了算？男人不能生孩子吧，这笔账怎么算？……不能完全厘清权、责、利的契约还算什么契约呢？而且，没有谁的生活是只需要契约就够的，这比“搭子”更疏离，也会让孩子在家庭观念上出现缺憾……人的内心深处都是渴望认同和亲近的，距离远了，生活远了，心没有交集，缺少了相互探索的兴趣，哪来的情感？更不要说什么感情细水长流、天长地久了。

爱情也需要距离

前面说到“距离产生美”，不论是物理距离，还是心理距离，在爱情这个场景里，很多时候确实都是正确的。距离的存在会更有利于保持**新鲜感**、**探索欲**，以及**独立空间**的维护，对于感情的维系、调整和发展是非常有利的。但又有些心理学家指出——两性之间，物理距离决定心理距离，这就是人们常说的“**博萨德法则**”，或称“爱情与距离成反比法则”——空间上的疏远最终会造成心理上的疏远，这个法则也常常成为“异地恋人”们分手的最佳借口。当然，另一面就是：物理距离拉近了，心理距离就随之拉近了，所以，大胆去做（追求）吧，日久生情。

在实际生活中，其实无论哪一种情感状态都能找到完全符合的例证，而且还不少。当情感**尚未得到时**，对于那个与自己完全不同的Ta、跟别人更亲近的Ta、自己求而不得的Ta，你是不是会生出些去探索、去征服的冲动？当你**得到时**，对于身边那个“你觉得无论如何都不会走开的”人，你是不是会生出忽视，甚至因为了解了Ta的缺点而有嫌弃、想抛弃的感觉？

情感是多样的、复杂的，无论哪个维度，都很难用一个标准去衡量，但无论远还是近，“适度”一定是对的！

像对待朋友那样，像对待家人一样——**爱+独立+尊重+包容**——爱人间的最佳距离。

异地恋，爱情的“检测仪”？

“异地”恐怕是爱情中颇令人厌恶的两个字。

现实中无数热恋中的情侣，因为分隔两地，少了生活的交集，各自被身边的生活所牵引，渐行渐远，感情走到了终点。在“青春疼痛电影”中，无论多么美好的爱情总是敌不过离开校园时的天各一方。

然而，邓稼先与许鹿希、袁隆平与邓则、钟南山与李少芬……哪个没有经历过“异地”的考验呢？但他们依然相守终生，成为我们眼中的爱情神话。

虽然，我们不能说“有情饮水饱”“有爱万事足”，但对美好情感的信任和追求，相信大家是一致的，不管什么时候，不管身处哪里，只要相爱，心在一起，相互信任、相互支持中构建起精神层面的交流，物理距离都不会是大问题。爱情“检测仪”？“异地”恐怕不应该背这个锅。

世界上最遥远的距离，不是生与死，而是我站在你面前，你却不知道我爱你。

这是张小娴在《荷包里的单人床》里的一句话，引起了很多人的共鸣。打败爱情的不可能仅仅是空间距离。

在热播的情感类节目《恋爱保卫战》中，一位情感导师这样说："异地恋最大的问题不是距离，而是**很多问题在距离面前被放大了**。"

确实，在距离的分隔中，少了近距离的接触，不同的生活圈也影响了彼此之间的即时回应，使沟通变得没有那么直接、直观，任何龃龉、误会都有可能因为没有及时解决，使两人间的情感裂隙加大。如果一直得不到妥善解决，分手也就不难理解了。

但另一方面，当一段感情中本来就有不和谐、不稳定的因素存在，只是因为距离太近而被忽视或是忽略了，或是（嫌麻烦/怕伤害对方等）容忍了，这时候，如果加大物理距离，彼此分开一段距离和时间，无疑会给彼此一个重新、冷静、客观、全面**审视这段感情的机会**，将其中的问题厘清，让后续的相处更加顺畅、和谐，当然，果断分手有时候也是最好的处理方式。

木心说：从前的日色变得慢/车，马，邮件都慢/一生只够爱一个人。距离和时间能帮助我们审视爱情、巩固爱情，也能验证爱情。

距离感≈探索欲

曾看到一个有趣的"鱼缸理论"：对待爱情和婚姻与照顾鱼缸中的鱼有时候很像，水过于清澈，鱼不仅可能会生病，还可能会不安甚至打架；水过于浑浊，鱼可能会死。如果在鱼缸里放置一些假山，铺设一些水草，隔一段时间换换水，不仅景观更加赏心悦目，鱼儿也会生活得更健康、和谐、快乐。

爱人的相处与鱼儿还真是有些相似呢：水过清就像界限过于分明的关系，难免会因标准差异而有冲突；水过浑则像完全没有界限的关系，距离感自然无从谈起，冲突、伤害、窒息都会在不知不觉间发生；假山、水草、定期换水，则像爱人们之间的**缓冲**——因距离感而形成的新鲜感、探索欲。给彼此一点空间，保持恰适的距离，保持一点儿新鲜感、神秘感，相互不断地探索、发现，正是保持良性关系的很好的方法。

亲密无间≈爱情杀手

有人说，爱情最适当的距离是“一张床的距离”——床头吵架床尾和。这话也许对于有些人是对的，但我相信，对于大多数人来说，可能没那么正确。固然，生活中没有太多的大事，但也绝不是事事都可以糊里糊涂过去的，必要的原则还是应该要有，否则，完全没有边界感的生活可能过着过着就一塌糊涂了。

在爱情这个情感维度里，“亲密无间”常和“甜蜜”相关，其实，它和“分手”的距离也不太远。

热恋时，衣服、鞋子和饰品一定要情侣款，微信和QQ上要用情侣头像，要一起吃饭、一起看电影、一起追剧，还拥有共同的朋友……

刚结婚时，双宿双飞，不分彼此，个人的生活圈、朋友圈越来越小，

自己的小秘密越来越少，不能再自己自由支配自己的收入……

伴随着亲密关系的不断加深，通常相伴而来的是“**近则不逊**”——在Ta面前越来越松弛（随意），原本多多少少被掩饰起来的缺点（控制欲强、邋遢、多疑、吝啬、嫉妒、攀比、自卑、自大……）逐渐暴露，甚至不仅不再掩饰，还会变本加厉。后果自然不言而喻。当然，如果彼此之前已经有充分的了解，能够相互包容，那么很可能“画风”就是这样的：

控制欲强=爱得强烈

邋遢=不修边幅

多疑=爱的关注

吝啬=会过日子

嫉妒=好胜

攀比=有上进心

自卑=谦逊

自大=自信

…………

哈哈，调整一下角度和距离，你看到的居然有可能截然不同！爱情就是像谜一样的存在。

但无论如何，近距离都意味着更多的“**暴露**”“**控制或妥协**”……矛盾和冲突自然会表现得更为明显和激烈。爱情是人类极珍贵的情感，比其他任何感情都更需要“经营”，保持适当的距离通常是最好的方法。

一旦距离过近，生厌是必然的。亲密无间就会成为爱情杀手。

当然，我们不是提倡要“伪装到底”，但作为成年人，最大限度地克制、修正我们“不良”的一面是我们一生的“**修行**”。

“保鲜剂”使用指南

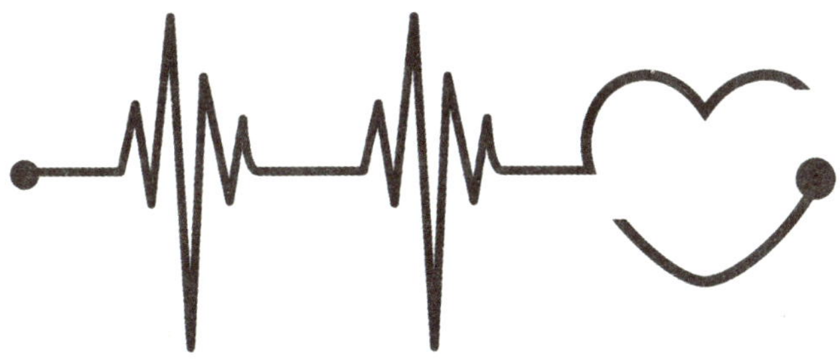

想要爱情长久，不失温、不失水可不是件容易的事，少不了共同的努力和彼此相互的“驯养”，在这个过程中，如果能够善用“距离”这个“保鲜剂”，相信会起到事半功倍的作用。

生活是多维度的，人的脾性是多维度的，“距离”也会以多种形式体现出来，比如：

让自己成长吧

督促自我成长，不断完善自己，不仅仅是求学谋生的需要，也是让自己以**更好的姿态**展现在自己面前、站在Ta面前，不会因为能力低下或停滞、与周遭环境差距过大难以融入而委顿、自卑。

爱情是世界上最奇妙的情感，在这个过程中，不仅是与Ta建立联系，这份感情里也承载着自己对未来、未知的无限期许。但正是由于被吸引，也使恋爱中的人容易在爱情中迷失甚至失去自我，把全部身心投入对方的生活中，而忽略了自我成长，恍然回神的时候，却发现已与对方渐行渐远，这自然不是我们希望看到的。

一段好的爱情需要彼此的**包容**与**成全**。相互成全绝不仅仅是自我牺牲、忍让，自我成长、相互促进才是让爱情不暗淡的最好方式。让眼界更开阔、让技能更精进、让情绪更稳定，都是我们成长的必修课。学习、成长，一定不只是让你在学习、工作上更上一层楼的利器，同样是让你在家庭生活、爱情场景中光彩不减、风华更盛的不二良方。

保持积极、稳定的情绪

一位心理学家曾经这样说："作为伴侣，情绪的稳定是一个重要的品质，但往往被低估。"与情绪不稳定的人一起生活，简直就是一场灾难。尤其对于一个家庭来说，父母亲的情绪稳定与否，还会直接影响孩子的心理健康，恶劣的家庭情绪氛围甚至需要孩子用一生的时间去疗愈心理上的创伤，难怪有人说**积极、稳定的情绪是家庭最好的风水**。

日常生活中没有太多的"大事情"，鸡毛蒜皮的小事完全用不着以激烈的方式去解决，更不要觉得已经是一家人了，就可以忽视距离的存在，毫无节制地完全放松，放纵自己的负面情绪、暴脾气，不仅于自己无益，也破坏了家庭气氛，甚至伤害了家人的感情。

没有谁要为另一个人的不良情绪埋单，即便是亲人也一样。作为成年人，调整情绪更是应该必备的"技能"。

生活中难免会遇到这样或那样的问题、麻烦，保持稳定的情绪才有可能更好地**沟通**，冷静地**分析**，找到**解决**问题的最好方式。

信任自己吧

独立的人总是有力量的。从来没有谁是必须依靠别人才能生存的，除非这个人压根就不想依靠自己。不论是自立还是自强，首先都要信任自己，相信自己的力量，依靠不懈的努力，没有什么是做不到的，即便做不到最理想，也一定会比目前更好。信任你自己吧，如果你精神独立、思想独立、经济独立、情感独立，没有什么能够打败你！

信任Ta吧

别总觉得Ta离开你就会陷入“万劫不复”，也别总觉得Ta离开你的视线就会“为所欲为”“放浪形骸”，如果你的Ta是个连判断能力都没有的人，你是不是“眼瞎心盲”？！既然你当初慎重地选择了Ta，那就信任Ta，也信任自己的眼光，给彼此独立的可能，一起相互扶持着向前。

相互扶持吧

孤独的人常常是脆弱的，我们的情感都需要一个港湾，正由于此，我们才会选择爱情。希望在滚滚红尘中不再"**单打独斗**"，希望在以后的人生路上能有人**相伴同行**，痛苦减半、快乐加倍。那就坚定初心，为了当初美好的憧憬，尽量克服自身的任性、自私、懦弱、懒惰……共同努力，彼此尊重，相互扶持。在爱情里，不应该有"谁比谁更厉害"的比较，应该有的是快乐时的分享、脆弱时的支持、痛苦时的安慰、遇到挫折时的鼓励、遭遇困难时的帮助……

大部分事情，无关对错，只是不同

如果你喜欢跑步、健身，我喜欢看书、养花，那就各自做让自己舒服的事情。当然，如果能培养共同的兴趣爱好就更好啦。

生活中的琐事鲜少存在绝对的对和错，大多是因为"不同"而造成不便和不适。真正的爱情是能够彼此**包容的**，尝试着沟通和适应，相爱的两个人一定能找到最舒适的相处方式。

放下立场，先做一个倾听者

人与人之间，完全没有矛盾是不可能的事。如果出现了矛盾或分歧，先别急着争论，放下立场和攻击Ta的武器，花一点儿时间，拉开一点儿距离，充分聆听，之后做出的决定一定会更理智。

一个合格的倾听者能够将注意力集中在对方的语言表达上，通常对于表情、动作的小细节也不会忽略。这样就不会因为预设了立场而出现惯性思维，误导了自己的判断，更有利于理解对方，随后做出的决定、给出的建议也才有可能更加客观、切合实际。这不仅是一种涵养功夫，也是一种基本的礼貌，更是一种处世智慧。

不要只“找不同”，也要找相同

和平相处的时候，人们之间的不同让生活显现出充满冲突的趣味和多元的生动，但同时，“不同”也自然而然经常性地成了矛盾的起点。

发生矛盾时，“不同”是显然的，这时候找出“相同点”显得反而更重要些，这就是“**核心矛盾**”，共同去应对、解决，再处理其余的问题就会容易得多。

抛弃“改造Ta”成为“和我一样”的执念

“你”“我”本就不同，无论如何改变，都不可能是完全相同的。如果“是一样的”，一定是有一方放弃了自我，Ta是否能真的放弃自我，能够放弃多久，要看Ta能忍耐多久。

另外，我们通常觉得试图去“改造”对方的人是强势的，是控制欲强的人，但大多数时候，“改造者”本质上是对自己的能力**不自信**，他们通常是因为不想失去目前对周围环境的控制能力，或者无法适应目前的环境，才试图“改造”对方。

“改造”与“被改造”都不是令人愉快的过程，很可能令关系变得紧张，甚至导致破裂，放弃执念，接受“和而不同”的“大道”，才是弥合人们之间差异的最好方法，不信你就试试看。

放弃“我要像Ta希望的那样”的执念

没有谁对待感情是不贪婪的，即便你放弃了自我，也是不可能成为Ta希望的那样，因为Ta的要求通常会越来越多。

通常，放弃自我的人是因为他们对自己缺乏信心，缺乏**自我价值认同**，需要通过别人的认可来证明自己的价值，容易被对方影响也就是情理之中了。最终，失去了独立思考的能力甚至愿望，没了**自由**和**尊严**，指望对方认可？一定会越来越难，直到变成不可能。

经常送个小礼物给Ta吧

日子慢慢过去，感情会逐渐平淡，礼物无须贵重，只需要让Ta知道“你依然在我心里”，那份甜蜜就会丝丝缕缕一直在心里。

有的人说，都已经一起过日子了，还送什么礼物呀，想要什么就直接说呗，真是矫情！可是，日常生活的主旋律还是“平淡”，不是吗？波澜不惊的生活还是需要一些仪式感、一些小惊喜的，就像发间的一朵珠花、衬衫上的一对袖扣，都可以为生活增色。

永远不要说“凭什么”

在爱情这个维度里，一切凭的都是“爱”。凭什么要我洗碗？凭什么总要我先道歉？凭什么你花的钱总是比我多？凭什么给你的家人买的礼物比给我家人买的要多？凭什么要我放弃工作在家带孩子？……当“凭什么”说出口的时候，也意味着得失心的出现，“爱”的天平开始失衡了，距离出现了偏差。赶紧调整。

合适的距离，PUA下的自我保护

PUA，原本是针对不善表达的人群达成融入的一种“搭讪”技巧，但却成了某些人对他人进行精神控制和虐待的手段，在爱情尤其如此。翻一翻曾经刷爆网络的2019年北大法学院女生包丽（化名）自杀案始末，会让我们对PUA这三个字母的组合心生恐惧。想要避免被PUA，最佳的方式就是保持自我、坚持独立，保持合适的距离。

拒绝“上头”，距离帮我们找回理智

人们常说“爱情是盲目的”“恋爱中的人们智商为零，甚至是负数”，笑谈之间，我们也不得不承认，在恋爱过程中，人们往往会进入一种“上头”的状态——像是酒后的微醺，甚至有时会丧失理智，不知不觉中卸去**自我保护机制**，陷入某些心怀叵测的人精心布置的爱情“陷阱”。因为

爱，恋爱中的人们通常会主动地“**过滤**”那些不和谐的细节，**放大**那些令自己愉悦的信号，从某种程度上说，也是趋利避害心理的一种表现。这无疑会为后续的交往埋下隐患，而保持一定的距离能够帮助我们更冷静地思考与审视面前的情感，更好地保护自己。

恋爱中的人们

请你相信爱情与自由可以共存

好的爱情，绝不仅仅是相互的羁绊，它完全可以是陪伴与自由的共存的。它更像是一种“纳入”，当然在这个过程中，沟通、改变与磨合是必不可少的。想要得到美好的果实，不付出足够的努力怎么可能呢？！

…………

相信，一定还有很多能帮助我们为爱情“保鲜”的方法，让我们在生活中慢慢探索吧。

第五章

拿捏距离，轻松炼成社交达人

人际关系的类型是多样的，按照不同的标准会有不同的分类方式，有的社会心理学家按照需求将人际关系分为情感型人际关系、工具型人际关系、混合型人际关系。我们平时常说的“社交达人”指的大体就是工具型人际关系中的主体。至于混合型人际关系，我们在这里就不多做讨论了。

前面我们讲述了亲情、爱情、友情等情感型人际关系中关于距离的一些理解和建议，在这一章里，我们交流一下对于工具型人际关系为什么以及如何保持适当距离的一些理解。这类关系恐怕是我们在生活中面对最多，也最令我们头疼的一类社交关系了。

自从世界上出现人类以来，相互交往就一直存在。

——伏尔泰

工具型人际关系与“工具人”

这是两个有意思的概念，看上去好像差不多，实际上差别很大，而且，它们还有着一个相似的“内核”。

“**工具型人际关系**”指的是人们在交往时，为达到某一目标或获取某些物质（利益等）所建立起的一种手段或工具型的关系。比如与同事、与医生、与舍友，都可以归入这个领域。“**工具人**”则是一个无论是内涵还是外延都被网友们玩坏了的概念。2020年，这个词甚至在《青年文摘》上被评为十大网络热词之一，指的是“被异己需求物化的人格”。

看着有点儿不明所以？如果这样说呢：职场工具人——公司中的小透明，处事秘籍就是“收到”“明白”；情场工具人——“女神”的千斤顶，连做“备胎”的资格都没有，低到尘埃任她差遣……总而言之就是“被当成工具使用的人”。处于这样社交环境的人们，怎么可能不尴尬、不无奈、不想改变呢？

利益是工具型人际关系的基础

“利益”原本只是“好处”的意思，但每当我们提到“利益”的时候，总免不了和“捞”“争抢”等负面的动词连在一起使用，它便多了一些可耻的负面意象。但如果理一理人际关系的方方面面，哪一种关系的背后没有“好处”存在呢，最纯粹的关系本质上也是“仅需要获得良性情绪价值即可”吧，没有任何好处的事相信没人去做。当然，通过“不当的手段”获得“不当的利益”绝对是可耻的！

世界看似千变万化，剔除“枝枝蔓蔓”之后，生存不外是**利益的得与失**。这里的利益不完全是物质财富，还可能是权力、尊严、名誉等，再淡泊名利的人也不可能完全避开利益的牵扯。毕竟，社会是以一定的物质生产活动为基础而相互联系的人类生活共同体，人是社会的主体，怎么可能没有社会属性呢。

“工具人”也是“工具型人际关系”中的一类群体，它们共同的内核自然也是“利益”。**利益的多寡与形式**，是决定这种关系中的人们之间距离大小的决定性因素。

同*关系，工具型人际关系中的重点

在实际生活中，以“同”字开头的人际关系，通常意味着更为紧密的关系，但也正因为关系紧密，一旦出现问题往往会带来更多或更大的负面影响，是这类关系中尤其要重点关注与经营的。比如：

同窗/同学/同年/同门：相识时没有利益冲突，更具信任度，但共同学习生活过程中，有可能因空间距离近、相处时间长而产生冲突，生活就业时有可能出现资源争夺；

同好：需要占用同一类资源，利益相关度高；

同行/同业：需要占用同一领域内的资源，利益相关度高；

同盟：想要获得的利益一致，相关度极高；

同袍/战友：需要极高配合度，利益相关度高；

同事/同人/同志：需要较高配合度，争夺同一类资源，利益相关度高；

同乡：地缘关系近，合作的可能性更高，产生冲突的可能性也更大；

同志：想要获得的利益一致，相关度极高；

…………

同伴自是“百搭”的，上面的诸多关系都可以涵盖在这个词语里。

辨清关系的类别，明白了有可能产生关联或冲突的方面，我们就能更好地**调整**、**把握**交往的距离，令我们的社会交往更加从容、和谐了。

谁是谁的“工具人”？

网上有很多热议的题目，诸如：“你是工具人吗”“怎么确认自己不是工具人”“教你一招区分‘备胎’和‘工具人’”“如何避免做一个工具人”“坚决不做工具人”……可是，说到底**谁还不是个工具人**呢？你是你的老板/同事/女神……的工具人，Ta们又何尝不是你的工具人呢？你从Ta们那里获得薪水/协助/情绪价值……即便在最亲近的亲情关系里，当你的父母说“养儿防老”的时候，不是也有工具人的影子吗？所以，不要排斥这个身份，只要拿捏好与Ta们的距离，做一个合格的、快乐的工具人，通往“社交达人”的目标就不远了。“**痛并快乐着**”是我们社会生活的常态。

工具型人际关系有可能是情感型人际关系的“前身”

除了家人以外，朋友、恋人这样的情感型人际关系往往都是从工具型人际关系**发展而来**：聊得来的舍友会逐渐发展成彼此的闺蜜/兄弟，即使在毕业后，关系也能够得到很好的维系；原本生意场上的竞争对手也有可能因为惺惺相惜/志趣相投而成为朋友甚至恋人。

这些看似有些疏离的关系总是意味着更多的“可能性”，虽然有时不那么美好，但似乎确实是值得每一个人花费一定的心思去“经营”的，把握好适当的距离，就是最好的经营方式。不然，一不小心的“用力过猛”，就会让原本就不那么牢靠的关系瞬间被“瓦解”。

这个“适当的距离”就像前文讲的，同样应该是令双方觉得舒服，以尊重为基础，不冒犯、不疏远。

第八次偶遇

生活所迫，被迫社交？

所有“被迫”的都是令人伤心的，“被迫社交”更是如此。人的社交属性是谁也无法忽视的，它是生活的必然，一旦成为“被迫”，无疑会极大地加重其**精神内耗**，长期存在的话，不仅会产生**心理上**的巨大压力，还会造成**生理上**的疲惫、倦怠，因此，及时、适当地进行自我调整就变得非常重要。

“被迫社交”的原因五花八门，但基本上源于以下几种原因：自身存在社交焦虑障碍；缺乏社交动力；患得患失；双方“价值”不匹配。无论是哪一种，都是有可能通过自我调整有所改善的。调整到最佳状态，你就会发现原本那颗令你感觉“被迫”的种子居然会成为你的“**能量包**”。

能量唤起与精神内耗

印度哲学家克里希那穆提在《唤醒能量》一书里讲道：“关系意味着关心；关心意味着关注；关注意味着爱。这就是为什么说关系是一切的基础。”他还说：“一切运动、一切行为都是能量。”

当我们感到“能量不足”的时候，我们通常就会缺乏去做的动力与实际行动，陷入“精神内耗”之中，压力或心理冲突积压在自己的内心深处，负面情绪得不到宣泄，从而造成自身压抑，导致精神痛苦、心理疲惫。“被迫社交”常是导致我们“能量不足”的心理诱因，也常是因为“能量不足”而导致的“精神内耗”的后果。

找出“被迫”的真实原因，适度进行**自我调节**，唤起内心的能量，是减轻甚至避免精神内耗的基础。

“你被迫”还是“你被自己逼迫”

当你觉得你总是对的、你的规则就应该是对方的，甚至是大家的，而你是“被迫”与Ta/大家交往，那很不幸，这应该是你的错觉，实际上，是“你被自己被迫”与他人交往了，真正“被迫”的是对方。

就像地球不是围着你转的，地球也不可能围着你转。每个人都是一个小世界，有自己的轨道和规则，**“和而不同”**才是需要遵循的距离准则。

若是仅仅因为有“不同”便产生“被迫”的感觉，本质上是自私、跋扈、缺乏同理心在作祟。这时候，如果你不能正视这个问题，不能正确地认识自己所处的位置，不能准确地辨识自己与他人的社交距离，并及时地调整自己，那么，你势必会与他人越走越远，令他人生厌的同时还可能让自己陷入无谓的“精神内耗”。

社交焦虑障碍

心理学上，把害怕被人审视或被否定而回避与人交往称为社交焦虑障碍，主要表现为患者对一个或多个可能会被人审视的社交情景呈现显著的恐惧或焦虑，恐惧其行为方式或其焦虑症状会遭到负面评价并因此而回避。患有社交焦虑障碍的人，一旦处于令自己不适的社交场景，不仅会出现心理上的焦虑、恐惧，还会出现口干、出汗、呼吸急促、口吃、手脚冰凉甚至昏厥等躯体症状，而且很难治愈。

其实，在陌生的社交场合产生紧张、焦虑等症状，对于大多数人来说都是正常现象，很快就能适应。有的人给自己贴上社交焦虑障碍患者的标签不过是给自己的小紧张/尴尬找个借口罢了。这种时候，只要尽快搞清楚自己的处境，搞清楚自己与周围的人/环境的适当距离，针对核心点调整心态、解决问题，相信你很快就能适应。

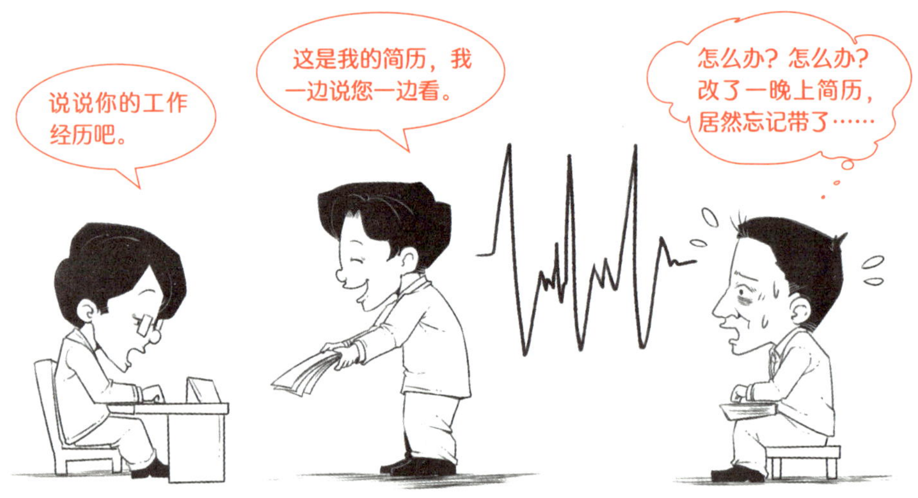

往往，社交行为所牵扯（物质的、精神的）**利益越大**的时候，**焦虑感越强**，比如应聘的时候、向领导述职的时候、公开演讲的时候、向Ta表白

的时候……这时候，做更充足的准备、强化自信、调低预期，通常能让紧张情绪得到更好的缓解。社交达人也需要千锤百炼哦。

如果不得不“被迫社交”

——社交有错吗？

没有。

——有人强迫我吗？

没有。

——那些人讨厌吗？

还行……

那我为什么觉得我是在和Ta们“被迫社交”的呢？

三五知己，交换悲喜，袒露心声，不必隐藏，不用伪装，接受Ta的不足，给Ta最坚定的支持……这自然是最好的社交状态。既然是最好的，一定是难得的，我们平日里的社交肯定没这么理想化，所以我们才会有“被迫”的感觉。

我们之所以讨厌社交，大多数时候是因为我们对社交本质的认识还不够深刻，过分重视了社交的**手段**和**目的**。不管是共情社交还是功利社交，本质都是“平等交换”——交换物质价值或精神、情感价值。至于饭局、奉承，不过是手段；得到工作、获得认可，不过是目的。过分重视手段，难免会给人过于圆滑（油滑，甚至奸猾）的感觉；过分重视目的，则常会给人不择手段的感觉，身处其中的自己呢，肯定会觉得疲倦。

人人都有欲望，都想愉快地得到自己想要得到的，如果你觉得自己是在“被迫社交”，那就要正视社交的本质，**舍弃**“不必要的”和“不可能的”，通过**让自己愉快的方式**得到自己能力许可范围内的物质/精神价值。

放下对于人情世故的抵触

用电影《私人定制》里的一句台词来打比方，人情世故就是：“我可以不收礼，但你不可以不送。”逢年过节时的送礼拜年、微信里的生日祝福、聚餐时的酒桌文化……人情世故时时处处不可忽视地存在着，总是有人对此嗤之以鼻，把它和“**拉关系**”画上等号，从心理上产生**抗拒感**。时间久了，生活越过越“独”——亲戚越来越远、朋友越来越少、客户越来越淡……至于“获取价值”，都没有付出，哪来的收获呢?

不劳而获的事在哪个层面都是奢求。所以，适当地放下对于“人情世故”的排斥，用心记住你周遭与你有关联的人，逢年过节时说上一句“过年好”，在餐桌上多几分热络，热情地回应他人的心意……这绝非“屈从”，是用善意和真诚拉近彼此的距离，为获取你需要的价值所做出的必要的努力而已。它绝没有那么不堪，就算从更加功利的角度来看，在这种社交过程中所积累的交情，也许会在未来某些意想不到的瞬间发挥作用。

在磨合中适应社交状态

对于工具型人际关系的理解，同样贯穿每个人的社会生活——如何与不同个性的个体相处，既能使这些关系得到正确的推动，又能够避免在社交关系中受到伤害，是每个人都需要在社会生活中去揣摩和理解的。

常有人把“学会放过自己，没必要让所有人都满意”奉为圭臬，当作“放飞自我”“只要我愿意，可以让任何人不满意”的最佳理由，但是，在这么做之前，一定要先看清自己的“**资本**”。

在面对复杂的社交关系时，相信每个人都曾经有过无数次各种各样不那么愉快的经历——在职场中因为错信了他人而被“背刺”；在合租或是宿舍生活中因为缺乏沟通或沟通不畅、无法沟通，而闹得鸡飞狗跳甚至分道扬镳……这不过是成长过程中的“**打怪升级**”，它们从不意味着这一类的关系是不可靠、无须经营的，只意味着也许你应该据此去**调整**与他人相处的模式。

帮你炼成“社交达人”的N个BUFF

我们从来不是为了成为社交达人而（就能）成为社交达人，通常，我们是为了获得更美好的人生体验而建立、经营自己的社交关系。

自身的社交能力如何、知识面的广泛与否、心理健康程度高低、社交意愿强烈与否，都与我们能否成为社交达人息息相关。

当然，不一定人人都要（能够）成为社交达人，只要能帮助我们更好、更顺畅地建立我们的社交圈、融入他人的社交圈，获得更美好的人生体验，就够啦。

至于“BUFF”这个词，它原本指的是“增益”，相信年轻人一定对它不陌生，对这个词的印象可能更多的是游戏里给某一角色增加一种可以增强自身能力的“魔法”或“效果”，比如牧师的“心灵之火”。下面这N个BUFF一定能够帮到你。

嘴角弯曲的完美弧度绝对是社交达人的BUFF

“爱笑的人，运气通常都不会太差”，这话我们都深信不疑，美国人曼狄诺更是将“笑”形成了一个定律——曼狄诺定律，**微笑可以换取黄金**。

一个真诚的笑容代表着善意、美好、放松、信任、鼓励……遇到挫折的时候，微笑如同伸出的帮助我们走出痛苦泥潭的温暖的手，让我们感受到善意的无穷力量。卡耐基曾说：笑容能照亮所有看到它的人，像穿过乌云的太阳，带给人们温暖。可以说，真诚的微笑是世界上最美的行为语言，是人际关系中最佳的“**润滑剂**”。

笑是一种度量，度量心的温度

嘴角弯曲的完美弧度绝对是社交达人的完美BUFF，无须解释，就能拉近人们之间的心理距离。

学会管理自己的社交圈

作为社会人的我们，社交是不可或缺的，但我们在生活中常会遇到这样的问题：参加的活动越来越多，认识的人越来越多，可随着时间的推移，有些人只会静静地躺在通讯录里，我们甚至忘了Ta是谁。我们不敢删除与他们的联系，仅仅是因为担心“万一……面子上过不去”。结果不言而喻，社交圈越来越庞大（有可能是“臃肿”），不仅没有带给我们更美好的生活体验，反而增加了困扰——垃圾信息、借钱/发“红色炸弹”的半熟脸……怎么办？

方法总比问题多。有一位电视节目主持人说：“无论你多大岁数，有多大的行业成就，到了什么样的高度，几乎没有人能做到毫不在意他人的看法。但是我们能做到的是，花更多的时间和精力，去关注那些**在意我们和我们在意的人**。”这便是管理社交圈的一个绝好方法。当然，还有很多种方式，只要是适合自己的就是最好的。

做好社交对象的**信息整理**（以免看着残缺的资料，居然想不起来Ta是谁）。

根据自己在意的标准（比如：有用的、有趣的、有业务往来的……）对社交对象**进行分类**，使社交圈构成更清晰。

及时删除那些让你的社交圈变得“臃肿”的社交对象，避免不必要的打扰。

以同理心拉近距离

一起吃饭、一起点下午茶，或是一起在背后嘀嘀咕咕老板和讨厌的同事的八卦，这大概是不少人借以熟络的方式，然而通过这些方式所建立起的关系往往因为流于表面而难以稳固，说是“搭子”或许还更准确些，甚至有时候还有风险，八卦有风险，“嚼舌”需谨慎。

想要和对方拉近距离，甚至建立深度联结的话，一颗**同理心**是必不可少的。托尼·施瓦茨（Tony Schwartz）在《我们的工作方式行不通》一书中提出，同理心可以通过运用他所谓的“**反向透镜**”来实现，即问自己这样的问题——“**这个人的感受是什么？**”这样的思维方式能够让我们更好地去理解职场中所遇到的不同个体——哪怕是看似很难接近或是很难相处的人，也可以通过这样的方式适当地拉近距离。

如果你的同事中有一位总是穿着格子衫、埋头苦干、自愿加班的“卷王”，所有人都因为他的存在而感受到巨大的压力，没人愿意接近他。你换个角度或许会发现——他是个刚到北京不久的北漂，妻子正怀孕，每个月都有一笔房租要交，他太想多赚些钱了——他是不是好像没那么讨厌了？一起吃个饭，彼此帮衬一下也变得没有那么难了吧？

找到信任的尺度

有人的地方就有战争。说人心不古也好，人心难测也罢，由人组成的社交场合就是一个个战场，一个不留意，轻则“伤病”重则“阵亡”。

《中国社会心态研究报告（2012~2013）》中显示：“**人际不信任**进一步扩大，只有不到一半的调查者认为社会上大多数人可信，只有两到三成的调查者信任陌生人。”当社会从过往的熟人社会逐渐转向了现代化的大社会，人们缺少时间了解彼此，建立信任感变得较为困难。同时，在信息爆炸的当下，常常是“好事不出门，坏事传千里”，本就脆弱的信任感在各种骇人听闻的新闻与旧事面前，更是不堪一击。

“如果当初……就好了”“亏我那么信任他……”这样的遗憾总让我们懊恼，保持适当的社交距离，怀有一定的警惕心，无疑是自我保护的最佳方式。

古语便有“害人之心不可有，防人之心不可无”的说法，缺乏了信任，交往便缺乏了根基，“轻信”则是错付了真心，找到**信任的尺度**，是我们在社交场景中尤其要谨慎把握的。

当你“深信不疑”的时候，**多给自己一点儿时间，调整一下审视角度和距离**（比如寻找一些侧面证据以印证），相信会让你的“深信不疑”离真相更近一些。

根据场景，调整好行为的角度

在生活中我们常会发现，同样的行为在不同的社交场合会出现不同的结果。如果你用同一个标准应对不同的社交场合——这样的方式也常被称为“**刻舟求剑式的社交**”——社交的“车祸现场”离你也就不远了。

亮出你的锋芒，让对方觉得你“不好惹”；藏起你的锋芒，避免给对方太大的压力，失去（深入）交往的可能；勤快点儿，提升你在团队中的好感和竞争力；别太勤快了，以免做了不该自己做的事而给别人带来困扰；

要合群，这是你有团队精神的体现之一；不能什么群都合，看起来太八面玲珑了，一点儿原则都没有……

你看，做人多难！做个达人更难！在不同的社交场景，面对不同的社交对象，我们需要清楚界定什么样的社交距离才是最合适的，并及时调整自己的行为。

学会管理预期值

人活着都一样，谁没有一两件倒霉的事啊，你记住，跑了的，那都不是朋友。

不论对人还是对事，我们总是希望得到自己预期（超预期当然更好）得到的利益（物质层面/精神层面），但能否如意，很多时候是需要“尽人事听天命”的。在处理情感关系时尤其如此，就像徐志摩在给恩师梁启超的一封信中写的：“我将于茫茫人海中访我唯一灵魂之伴侣；得之，我幸；不得，我命，如此而已。”

其实，在任何一种关系中都必须学会**管理自己的预期值**，过高的预期，往往会因为得不到而失望，打击了自己的“士气”；太低的预期，又难免令生活缺乏目标和激情。制定合理的预期值，是我们保持合理社交距离的前提之一。

客观地认识自己、理性地了解对方、别让幻想打败你、接受有可能出现的变化，所有这些的前提都是“让自己的行为专注于自己”，要求/苛责对方，你就永远找不到合理的预期值。这同时也是自律的心法。

不患寡而患不均

A：“不知道为什么，自从事业小有起色之后，周围的朋友却渐渐疏远了。”

B：“人啊，总是不患寡而患不均。”

C：“要有这样的心理准备，你不能要求所有人会永远陪你走这一生。”

有些人就是见不得别人好

这是一档综艺节目里三位嘉宾的对话，引起不少人的共鸣。这种现象其实在生活里并不鲜见——有人升职加薪，总有人会说“还不是个打工的”“能力差不多，凭什么升职加薪的是他？”；老师给因病缺了课的孩子补课，有家长去举报老师违规，“凭什么只给Ta补课”……在娱乐圈那个名利场尤其明显——都没戏拍的时候，一起撸串喝酒谈理想，都是朋友；如果有人“红”了，Ta可能会说，“就他那演技，指不定背后有什么交易呢”，甚至会暗地里散播“黑料”。

这其实就是见不得别人好的嫉妒心理在作祟，不仅令对方不快，Ta本人也时时活在自我折磨里，精神内耗。

周国平老师曾说：嫉妒是人性，不因嫉妒而失态乃至报复则是修养，我们无法压抑人性，但可以做到有教养。

与其眼红别人，不如过好自己的生活。正视自己的不足和对方的长处，少些抱怨，努力追上去。一味地“眼红”，不仅会让自己失去一个榜样，还会让自己在泥潭越陷越深，与对方的距离越来越远。

礼尚往来

中国有句古话“**天底下最难还的债是人情债**”，早在两千多年前，《礼记》里就有这样的话“礼尚往来。往而不来，非礼也；来而不往，亦非礼也。”与人交往，切忌不分你我，把别人的付出当作理所当然。别人给你送十分的礼，你要还回去十一分。十分是还礼，多的一分是还情。正如香港首富李嘉诚说的“**不要让和你交往的人吃亏**”。

即便彼此的感情再好，当一方一味地付出，久了，心里也会生出不快，毕竟再无私的人，对于没有回馈的付出也会或多或少生出些“不公平”的负面感受；而且，付出的一方如果一直拒绝对方的回馈，或者接受付出的一方感觉自己“无以回报”，也会徒增压力，“亏欠”可不等于“占便宜”！

“往”与“来”便是人与人之间的距离，正视它，才能做出最恰当的选择，让自己平等地与人相处，才会更从容。

脑子与嘴的距离

作为人类沟通的桥梁，语言的力量是巨大的——**良言**一句三冬暖，**恶语**伤人六月寒。但你是不是也有这种时候——话脱口而出，把对方气得要死，你则后悔得要命。这时候，你是不是对“**慎言**”有了更深刻的认知？掌握好脑子与嘴的距离，你大致就能掌握好与他人之间的社交距离了。

“出言有尺，戏谑有度”，这反映出来的是我们的修养水准。不信口开河，不夸夸其谈，不出言不逊、不口无遮拦，想成为一个真正的社交达人一定懂得“**守嘴**”。

慎言，守嘴，是一种社交智慧，并不是要我们沉默寡言，而是要我们在话出口之前多加思考。让**嘴比脑子慢**一些，经过思考的话才会让我们表达自己的观点的时候更全面、更客观、更多地考虑到对方的感受，让我们在复杂的人际网中保持清醒的头脑，出言有尺，做事有度。

慎言，才能慎行，这是“社交达人”的必备技能。

耳朵与嘴的距离

人有两只耳朵，但只有一张嘴，有哲学家说“这就是要让人多听多看，但要少说”，真是有道理呢。生活中，我们用心倾听时通常只需要注视、闭嘴、偶尔回应就够了，看似简单却为什么总是难以做到呢?

开口倾诉是人的本能，我们却时常需要**闭嘴倾听**，这就像明明懒惰是人的本能，我们却要勤奋一样。在如今的这个世界，网络通达，人们对于倾诉比以往任何时候都来得更加热情高涨，沉浸倾听的人就显得越来越珍贵了。都说“倾听是一种教养，更是一种能力”，可一旦“本能开了闸”，教养也好、能力也罢，也就随波去了。这就是耳朵与嘴的距离。

能倾听的人，通常共情能力也不会差，在对话中能够给予对方足够的关注和尊重。倾听帮助我们更多地收集、吸收对方输出的信息，除了汲取知识，更能让我们得以了解对方的感受、态度和需求，提升自身的同时，也能让交流更“丝滑”，建立起更深厚的人际关系。

“社交达人”会谈钱

——给你一千万，你必须离开我儿子！

——决不！我们的感情不能用钱来衡量！

这样的戏码在言情片尤其是网剧里，是不是很常见？似乎一旦情感与金钱联系起来，便沾染了铜臭。但真的可以“有情饮水饱”吗？事实上，没有物质基础的情感通常最终只会“一地鸡毛”。

成熟的人绝不会无视金钱的作用。在现实生活里，金钱虽然买不到感情，但有时却能衡量感情。

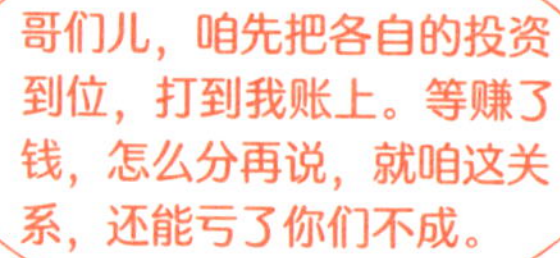

有人将感情和金钱比作飞机的双翼，缺一不可——只有金钱往来而没有感情，那是**生意**，只谈感情而不谈金钱，那必定是一桩**赔本生意**。金钱最“狡诈”，它能诱惑和腐蚀感情，亦能帮助辨别感情的真假。

有人说，人与人之间的距离就是借钱时的“丝滑”程度。“是不是真朋友，借次钱就知道了”，但是，你敢吗？人心经不起考验，适当的时候谈钱，让感情因为利益的存在而保持适当的距离，但千万不要轻易用钱检验感情。

在《威尼斯商人》里，莎士比亚借波洛涅斯之口写道：不要向人告贷，也不要借钱给人，因为借款放了出去，往往不但丢了本钱，还失去了朋友。

谈钱不可耻，**谈妥**最重要，**共赢**是标准。想要成为社交达人，这一课必不可少。

“掏心掏肺”别太快

从来“**真诚**”都是交往的基础，但有些人或者有些时候，总是会把“真诚”等同于“**掏心掏肺**”，甫一见面，就坦诚相见，毫无保留，掏心掏肺地把自己（的意图/经历/看法……）“交代”了个“底儿掉”，但没多久发现，过早地“交出了底牌”，我们成了彻彻底底的“**没心没肺**”，再恼怒、再后悔也无济于事了，甚至让我们不免“怀疑人生/人性”——难道我的“真诚”错付了？

恭喜你，答对了！《现代汉语词典》里这样解释“真诚”：真实，诚恳，没有一点儿虚假。但对于有些人来说，“我不说谎，我只说有限的事实”就已经是真诚了，虽然有些狡辩的感觉，但也不能说这是错的，对吗？

之所以出现这样的“事故”，原因并不复杂，因为我们太一厢情愿了，不是每个人都真的希望了解我们，和我们成为真正意义上的朋友。因此，给**自己一点儿时间**，别太急于拉近距离，观察、倾听，了解对方之后再行动，这样才能更有效地保证我们的动作“不走形”“不错位”。

慢一点儿，再慢一点儿，“掏心掏肺”别太快！

“交浅言深”是大忌

苏东坡在《上神宗皇帝书》里说：交浅言深，君子所戒。《增广贤文》里也说：逢人且说三分话，未可全抛一片心。

老祖宗这是要“闹哪样”？教我们不要真诚待人吗？

自然不是。这是在告诫我们：祸从口出，**管住嘴**。一定要辨清对象，保持安全距离，亲疏有度，才能远近相安。交情没那么深厚的时候（对Ta了解得不够深入），不要说得太多、太深（有可能误会对方，也有可能遇人不淑而遭利用/构陷）；无论对方是谁（任何人），都不要掏心掏肺地毫无保留，点到为止就够了，说多了留给自己的可能都是“坑”（掏心掏肺变没心没肺）。

我不同意你的观点，但我誓死捍卫你说话的权利

换言之就是：无论陌生人还是熟人，都要保持安全的距离，绝对的信任是不存在的，任何时候都要给自己留点儿余地，才能相处得安全又愉快。

“升米恩，斗米仇”，助人为乐不都是好事

人活在世上，谁没有个山高水低、马高镫短的时候呢，帮助别人或者接受别人的帮助恐怕都是免不了的事情。作为“社交达人”的我们一定要知道：好人也不能随随便便当，同样需要保持与对方的社交距离，有尺度地帮忙，尺度不当，往往是花了钱、出了力，还落得个“滥好人”之名，遭人耻笑或埋怨。

主体要分清——Ta需要帮助？你想帮助他？如果是前者，等Ta提出请求是最佳的选择，自以为是地帮助一个你以为需要帮助的人，大多情况下

会是个悲剧，Ta不仅不会感激你，还有可能觉得你“小瞧了Ta”“践踏了Ta的自尊”。

了解Ta的真实意图——Ta真的需要帮助吗？帮助一时陷入困境的人，你是Ta的贵人；帮助一个自己根本就没有努力意愿的人（比如懒汉），你就是Ta的“血包”。

时机要把握——雪中送炭永远比锦上添花更好。

数量要适当——给予超过需要的帮助，有可能加重Ta的心理负担，更有可能使Ta失去努力改善困境的动力，依附/依赖于你，一旦“断供”，你就是让他重新陷入困境的那个“仇人”。

“点头之交”或许可以成为你的“破圈”BUFF

热词这些年更新特别快，“破圈”便是其中的一个，指某个人或他的作品突破某一个小的圈子，被更多的人接纳并认可。英国人理查德·科克和格雷格·洛克伍德合著的《破圈：弱连接的力量》一书，更是将这一词语

从网络延伸到了现实，更加聚焦于社会交往中**弱连接**（我们与点头之交的人的连接，比如朋友的朋友、许久不见的亲人或朋友、碰巧遇见的人）的力量。

有时候，这些“点头之交”似乎有着潘多拉魔盒般的魔力，或许在某一刻/点，深入关系就因为那“人群中的一眼”而建立起来了——那个坐在你隔壁工位的寡言男孩，也许和你一样喜欢着某个小众的导演；那些一年到底说不上话的亲戚，也许会给予你职业选择一些宝贵的启发……

对于大部分中国人而言，对于“贵人”这一概念都不陌生，通常，他们并不是我们熟悉的亲人或是朋友——“点头之交”甚至“一面之缘”，在合适的时间里遇到合适的Ta，使自身能力/条件得到质的提升，不是BUFF又是什么呢？

保持开放的态度——结交更多的人、拓展更多的社交场景、增加社交机会——经营好身边的那些看似不那么重要的社交关系，你永远预料不到，这些人中会不会有人给予你千载难逢的启发、鼓舞或是机会。

以钝感力应对“社交微恶意”

渡边淳一说：**钝感力**是一种**大智若愚**的人生态度和人生智慧，拥有钝感的人更容易在竞争激烈的现代社会立足。

总有些人让我们感到不安、不快，或许是Ta一句批评的话、一个质疑的语气、一个讥讽的表情、一次并不严重的冲突……对，就是有点儿脆弱。随着社会的发展，生活水平、生活环境的改善，年轻人或者说越来越多的人变得越来越脆弱了，承受能力差，彼此交往不得不小心翼翼，生怕伤着对方/生怕自己受伤……其实，就是不够“粗糙”。

我们常把对方做的那些令我们感到不安的行为称为“社交微恶意”，

不会使我们太“受伤”，但长时间持续的不安情绪也会令我们不舒服，所以也不能因为是“微恶意”就轻视或忽视。正视它，才能让我们不为小事而动摇，克服前行路上的挫折，疗愈伤痛，令我们的社交过程更“丝滑”，离“社交达人”更近一些。

秘籍就是：**你随意，我不介意**。

分寸感是成熟的爱的标志，
它懂得遵守人与人之间必要的距离，
这个距离意味着对于对方作为独立人格的尊重，
包括尊重对方独处的权利。